UN CINQUANTENAIRE

LA

" BIBLIOTHÈQUE NATIONALE "

1863-1913

N. DAVID & H. GAUTIER

PARIS

Librairie de la **BIBLIOTHÈQUE NATIONALE**

N. CAMUS, Éditeur

Passage Montesquieu, 5, rue Montesquieu

PRÈS LE PALAIS-ROYAL

Le Volume broché, **25 c.**; *franco*, **30 c.**

LA " BIBLIOTHÈQUE NATIONALE "

UN CINQUANTENAIRE

LA
"BIBLIOTHÈQUE NATIONALE"

1863-1913

N. DAVID & H. GAUTIER

(AVEC PORTRAITS)

PARIS-REIMS

1914

Pour servir de

PRÉFACE

à ce petit Livre

« *Pour bien connaître notre belle langue française, la difficulté pour moi était d'avoir des livres. Je ne pouvais faire de gros achats, mais je trouvai des personnes obligeantes qui m'en prêtèrent.*

« *Vers ma vingtième année, il m'advint une aubaine inespérée. Chez un libraire d'Aurillac, je découvris une collection de petits volumes à 0 fr. 25... et quelle collection ! Tous nos classiques, les auteurs du XVIIIᵉ siècle, les premiers romantiques, les anciens, l'Arioste, le Tasse, le sombre Dante, Cervantès, Shakespeare, Goëthe, etc. !...*

« *Vous me voyez dès lors courant à la ville lorsque la pluie suspendait le travail de la culture, emplissant mes poches des précieux petits bouquins et revenant en hâte m'enfermer chez moi !* »

Antonin Dusserre,
paysan d'Auvergne,
auteur de *Jean et Louise.*

(*Illustration*, 23 mai 1914.)

LA " BIBLIOTHÈQUE NATIONALE "

Quand, en 1859, le prote et secrétaire de l'abbé Migne, Nicolas David, quitta les Ateliers de Montrouge pour entrer à l'imprimerie Dubuisson et Cie, il y avait déjà plusieurs années que celle-ci s'était installée dans ses locaux, au n° 5 de la rue Coq-Héron.

« *La maison n'était pas belle, mais sentait bon* », a écrit Hector Pessard (1), qui y fréquentait à cette époque. « *En entrant, une buée, nourrissante et lourde comme une crêpe à la graisse, vous remplissait les narines, la gorge, et vous suffoquait un peu. Mais, de cette buée, se dégageait bien vite une agréable et saine odeur d'encre onctueuse, de papier humide, d'huile chaude et de métal en fusion. Et, dans cette maison, il y avait une imprimerie gérée par M. Dubuisson et commanditée par MM. Dumont et Boulé...* »

Or, si l'on s'en rapporte aux souvenirs très précis d'un de nos contemporains qui y travailla à cette époque déjà lointaine (2), « le grand capharnaüm appelé l'imprimerie Dubuisson était un établissement très gai : chacun s'y trouvait content de son sort, car on y gagnait relativement

---

(1) *Mes petits Papiers*, 1860-1870.
(2) M. Camus.

bien sa vie. Presque tous les travaux s'y opéraient en commandite.

Il n'est pas sans intérêt de jeter un coup d'œil sur cette ruche animée : la porte d'entrée est noire, les hommes qui en sortent sont noirs ; le porche, qui conduit à la cour, est noir, et les pavés de cette cour également. Les bâtiments, à trois étages d'élévation, sont noirs ; on y entre par une porte latérale de la même couleur, on suit le couloir noir qui conduit à l'escalier noir et les parois des murs sont noires. Cet escalier semble soutenu par un vaste treuil dont les chaînes sont noires. Le patron, M. Dubuisson, est d'une tenue impeccable, mais noire des pieds à la tête, sans oublier ses guêtres : aussi l'a-t-on surnommé le *Croque-Mort*.

Les visiteurs restent parfois perplexes en entendant ce dialogue :

« — Où donc est M. X... ?

— Il est au tombeau ! »

Cela veut simplement dire que M. X... travaille à la deuxième commandite où l'on est, en vérité, très mal logé.

Cette deuxième commandite occupait un local au premier étage sur une petite cour, mal éclairé par une lucarne fournissant un demi-jour qui donnait un aspect sépulcral à cet atelier.

Il n'en est pas de même lorsque, arrivé au palier de l'escalier noir, livrant entrée sur le troisième étage, on ouvre la porte pleine qui fait face au visiteur. On est alors sous la toiture, soutenue par d'énormes poutres, toutes garnies de cordages servant de suspension aux lampes à couronnes qui contribuent à l'éclairage : on se croirait sur le pont d'un navire. De chaque côté du toit sont pratiquées trois vastes fenêtres à tabatière. A même le plancher sont ouvertes deux larges baies garnies de barres d'appui en garde-fous, qui servent à donner du jour aux ateliers du deuxième étage, où travaillent les ouvriers en *conscience* ou *à la journée*.

Une fois l'ouvrier embauché, on ne le renvoie que pour faute grave. Au jour de son entrée, il prend rang d'ancienneté, et se trouve placé, de ce fait, en queue sur la liste des *remplaçants*. Les ouvriers attachés *en pied* à la composition d'un journal doivent, à tout moment, assurer le service de ce journal ; quand l'un d'eux désire s'absenter, il inscrit son nom en face du nom d'un remplaçant, et en suivant l'ordre, sur la liste en question. Tout est dit : il se trouve remplacé *ipso facto*, et n'a plus qu'à payer à son suppléant la somme exacte qu'il aurait lui-même encaissée.

L'organisation du travail était parfaite à l'imprimerie Dubuisson, et dans aucune autre maison similaire, à Paris, l'ouvrier ne jouissait d'autant de liberté.

La plaisanterie y était tolérée ; personne ne s'en formalisait. Tel ancien zouave, metteur en pages, y avait acquis la manie de donner des sobriquets à tout le personnel. Ainsi, le metteur en pages de la commandite chargée de l'impression des petits volumes de la BIBLIOTHÈQUE NATIONALE, avait une jambe ankylosée et recourbée, qui lui occasionnait une marche extravagante : il l'appela *Polichinelle cassé*. Le correcteur, M. Dubreuil, grand et gros, raide comme un piquet de tente et marchant à petits pas, parce qu'il souffrait d'une affection cardiaque, était surnommé, en raison de son allure : le *porte-croix*. M. Bachereau, le sous-prote, fortement grêlé au visage, fut appelé *l'écumoire*. M. Tison, lui, avait la jambe droite en ouverture de parenthèses, l'obligeant à marcher penché et le faisant ressembler à un *K italique*.

Or, un jour, M. Dubuisson ayant vaguement parlé de se priver des services de M. Tison, la rumeur en parcourut les ateliers sous la forme suivante :

« Savez-vous la nouvelle ? Le porte-croix vient d'entendre, paraît-il, le croque-mort donner l'ordre à l'écumoire de renvoyer le *K italique* ! »

A la mort de l'imprimeur Dubuisson, survenue en 1886, les bâtiments sur cour constituant son établissement, furent démolis, et on construisit à leur place un immeuble de rapport, à six étages, dans lequel on pénètre à la fois rue Coq-Héron, n° 5, et rue Hérold, n° 8. Au rez-de-chaussée se trouvent les magasins d'un commerce de graineterie. Cet immeuble commença à être habité en 1894. Quant au bâtiment en façade sur la rue Coq-Héron, il subsiste et n'a subi de transformations qu'au rez-de-chaussée, pour y installer un café-restaurant fort achalandé de nos jours.

Tel fut le berceau de la BIBLIOTHÈQUE NATIONALE, non point de cette vaste et hospitalière Nécropole des Livres, située rue Richelieu, mais de cette digne autant que modeste collection de volumes in-16, à couverture bleu de France, qui distribue, depuis un demi-siècle, et jusque dans nos hameaux les plus reculés, les plus fameux trésors de la pensée humaine.

A l'origine, ce noble titre : BIBLIOTHÈQUE NATIONALE, ne devait s'appliquer qu'à un timide essai de solidarité ouvrière et d'assistance mutuelle, en une époque de crise latente provoquée dans l'industrie typographique par les mesures draconiennes édictées contre les journaux qui constituaient la principale clientèle des ateliers de Paris.

Deux noms, deux hommes, pris dans l'effectif du personnel de l'imprimerie Dubuisson, se rattachent tout particulièrement à cette féconde initiative, dont les heureuses conséquences demeurèrent longtemps à l'état de probabilités douteuses : Nicolas David, secrétaire du prote, et Henri Gautier, metteur en pages des journaux spéciaux dirigés par Aug. Dumont : la *Mercuriale des Halles· et Marchés*, le *Moniteur de l'Agriculture* et l'*Echo du Commerce*.

L'hiver de 1859 s'annonçait redoutable pour les nombreux ouvriers typographes de la place de Paris, et notamment pour ceux que la suppression administrative de plusieurs organes de la presse politique allaient priver de travail. Chez Dubuisson, la nécessité de licencier une partie du personnel s'imposant, directeurs et commanditaires invitèrent leurs chefs de service à se préoccuper de cette situation et chercher les moyens de parer, si possible, à une mesure aussi désastreuse (1).

C'est à Gautier et David que revient le mérite d'avoir été les premiers à suggérer l'idée féconde à laquelle leurs camarades durent un salut immédiat. Cette idée, soumise à l'approbation des chefs de la maison, consistait en l'essai d'une sorte de coopérative de production, par l'association des ouvriers inoccupés, qui prendraient à leur charge les risques et périls du tirage, et de la mise en vente à plusieurs milliers d'exemplaires, d'un certain nombre d'œuvres littéraires tombées dans le domaine public.

Cette coopérative ne pouvait fonctionner normalement qu'en s'appuyant sur un crédit généreusement accordé, et que les chefs de l'imprimerie Dubuisson se gardèrent bien de marchander.

Après en avoir accepté le principe et approuvé les idées fondamentales, MM. A. Dumont et Boulé, avec Dubuisson, déci-

___

(1) La Loi des Suspects choisit, en 1858, une de ses victimes parmi le personnel de l'imprimerie Dubuisson, l'employé Eugène Fomberteaux, qui, jadis, encore enfant presque, avait participé à l'émeute de 1839, sous Blanqui, Barbès et Martin-Bernard, et été interné avec ces derniers au Mont-St-Michel. Transporté en Algérie, à Sidi-bel-Abbès, il revint en France par suite d'amnistie et reprit sa place chez Dubuisson. (Les Suspects en 1858, *par Eug. Ténot et Antonin Dubost.* 1869.)

dèrent que rien ne serait modifié à la situation et que les ouvriers spécialement attachés à l'œuvre collective recevraient, au même titre que leurs collègues des travaux normaux, leur salaire hebdomadaire, sous réserve d'un prélèvement sur ce salaire, en vue de constituer un embryon de capital social, formant réserve de garantie sur des pertes possibles. Ce prélèvement fut fixé à un franc par semaine de travail effectif, pour chacun des associés.

Tous les volumes édités par la Société demeureraient sa propriété exclusive, leur prix de vente fixé par délibération commune, mais toutes les opérations de comptabilité, vente et encaissement, seraient du ressort de la maison Dubuisson. Celle-ci se couvrirait de ses débours au fur et à mesure des recettes, tout excédant devant être versé au capital de réserve, et tout déficit retenu, soit sur ce capital, soit, le cas échéant, sur les salaires.

Au surplus, la combinaison était d'autant plus aisée à mettre sur pieds que la majeure partie des travaux de l'imprimerie Dubuisson se faisaient en commandite. A part le metteur en pages de chaque atelier, les ouvriers de tous les services recevaient le même salaire, établi par un partage équitable, au prorata des heures de travail fournies, du produit net de l'entreprise acceptée en commun.

La maison Dubuisson formait une sorte d'atelier communiste où les intérêts patronaux et ouvriers se confondaient dans cette émulation et cette ardeur à bien faire qu'on rencontre généralement dans les exploitations industrielles avec participation du personnel aux bénéfices. Le sabotage y était, en conséquence, inconnu, de même que le gaspillage du temps et des matières premières.

L'œuvre entreprise par ces braves gens prenait donc tous les caractères d'une spéculation en bonne et due forme, avec ses risques et ses chances.

Pour donner un corps à l'idée générale et en assurer les moyens d'exécution, Gautier et David furent les mandataires de l'Association, bien inspirée en la circonstance ; ils se distribuèrent les rôles en conformité avec leurs aptitudes et leur tempérament.

Henri Gautier était un typographe habile, actif et infatigable ; il possédait quelque entregent et sa parole avait le don de persuasion. A l'atelier, on l'aimait ; ses subordonnés avaient été recrutés parmi la fleur du personnel, et son équipe réputée suscitait bien des jalousies, qui se manifestèrent, à cette époque, par cette épithète de *sénateurs* qu'on appliquait à ses membres.

David, lui, moins éclectique que son collaborateur et d'une culture générale plus nourrie, était animé de convictions profondes sur les choses de l'intellect, au service desquelles son cœur et son cerveau s'étaient voués dès son entrée dans la vie active.

Ces deux hommes se complétaient à tous égards ; ils s'entendirent à merveille, au grand profit de tous. Gautier fut, avant tout, l'homme de l'action ; David, le serviteur de la pensée.

Celui-ci inspirera et guidera le choix des œuvres à publier, tracera, creusera, égalisera les voies philosophique, démocratique, utilitaire, par lesquelles doit s'engager vers l'avenir la Bibliothèque Nationale ; l'autre appliquera toutes les ressources de son intelligence professionnelle à coordonner et faire exécuter les mesures techniques, à assurer le fonctionnement de la machine mise en mouvement.

Et, à l'heure opportune, l'œuvre dépassera de beaucoup la volonté de réalisation immédiate de l'un et prendra l'essor extraordinaire dont l'autre avait le pressentiment !

A ces deux hommes, à eux seuls, reviennent l'honneur et le mérite d'avoir créé cet organe populaire d'émancipation intellectuelle qu'est la Bibliothèque Nationale, et d'avoir fait de cette collection, unique au monde, une entité morale qui, à certain moment de son existence, s'élèvera au niveau des œuvres similaires de haute portée éducative, morale et enseignante suscitées par la Ligue de l'Enseignement, dont elle deviendra, par la force des choses, l'auxiliaire le plus utile et le plus facile à mobiliser !

Voyons les Ouvriers-Associés à l'œuvre !

A leur tête s'est placé Dubuisson : libéral convaincu, habile à discerner tout ce qui peut révéler en soi le souci du bien public et du progrès social mélangé aux vues bien comprises de l'intérêt particulier, il se livre en entier à l'œuvre commune.

Les charges secondaires qui dérivent de l'exploitation projetée, il les garde pour lui et ses commanditaires. Il a d'ailleurs, pour l'encourager dans cette voie, le concours du plus important d'entre eux, le richissime Aug. Dumont qui, pendant de longues années, alimentera l'imprimerie Dubuisson au moyen de ses journaux politiques et de publicité commerciale. La correspondance, la comptabilité, la vente, tous les services accessoires de la publication seront assurés par le personnel habituel de la maison, et dans un local spécial prêté pour la circonstance. Tous les frais que comporte la main-d'œuvre commerciale, toutes les fournitures de bureau et de magasin, le mobilier même sont et demeureront à la charge de la maison. Dubuisson s'arrange en un mot pour réduire à leur minimum les frais généraux. Sa part de collaboration matérielle ainsi établie, définie, d'une importance réelle et supérieure aux apparences, il laissera dorénavant agir ses lieutenants, bornant son rôle à les aider de ses avis compétents.

Autour de Gautier et David sont venus se grouper les premiers et les plus considérés parmi les coopérateurs : Baraguet, qui fut président de la Société typographique parisienne, Bouvier, l'un des aides de Gautier, et Théodore Alfonsi (1).

D'autres typos de la maison s'adjoindront à eux pour composer une sorte de comité de direction : ce sont Royol et Viguier. Puis, sur les instances de David et avec l'assentiment de ses collaborateurs, quelques amis professionnels : Tola, Aimé Blaisot, Jean-Baptiste Libecq, Henri Fromy (2), viennent du dehors apporter le concours de leurs lumières et de leurs conseils désintéressés.

Le Comité ainsi formé, se réunit enfin rue Coq-Héron, 5, et sans délai se mit à l'œuvre.

La partie technique fut d'abord débattue et étudiée à fond. On décida du format, cet in-16 si coquet, si maniable, facile à porter sur soi, qu'on pourra lire dans la rue, en omnibus comme en wagon, partout où se manifeste le désir d'utiliser des instants inoccupés ou vides de distractions. Sa dimension et son poids en facilitent le transport par messageries ou voies ferrées et l'envoi postal. Le papier choisi sera très blanc et solide, l'encre fort noire, consistante et durable. La couver-

(1) Alfonsi, poète à ses heures, publia en volume : « *Aubades et sérénades* », dont J. Noriac écrivit la préface.

(2) David avait connu Tola en 1851, à l'imprimerie Smith, où ce dernier était prote. Libecq et Fromy étaient originaires de Reims, Blaisot, de Paris. Ce dernier fut, plus tard, prote à l'*Illustration.*

ture suffisamment épaisse pour protéger longtemps le texte intérieur, et sous une nuance claire, d'un bleu limpide, l'œuvre sera habillée de façon coquette et attrayante. Les caractères d'impression devront être d'un calibre qui facilitera la lecture tout en ménageant des marges convenables : ce sera du 8 romain, complété par du 6 pour les notes et renvois en bas de page. Ces détails bien établis, le prix de revient apparaissait réduit à sa plus simple expression, et c'est avec la joie dans les yeux, le cœur débordant d'orgueil et de confiance, que le comité de direction put fixer le prix de vente à un taux unique et inconnu jusquelà dans le monde de la librairie, un taux révolutionnaire pour ainsi dire, et qui devait influer dans l'avenir sur les conditions du marché des livres. En fixant ce prix à 0 fr. 25 par volume, les coopérateurs assuraient en quelque sorte le succès durable de leur opération.

Ils l'ignoraient cependant, car, dans leur bonne foi naïve et leur dévouement sincère, ils s'étaient bornés à combiner une opération sans bénéfices, mais en revanche sans pertes ; ce dernier résultat leur aurait donné à lui seul satisfaction ! La preuve en est dans le chiffre du tirage des premiers volumes de leur collection, qui fut strictement limité à 5.000, et dans le nombre des ouvrages qu'on se proposait d'éditer, cinq ou six, pas davantage.

Il ne restait plus qu'à décider du caractère moral de la collection et des ouvrages dont elle serait composée. Le choix devait se porter sur les œuvres les plus réputées des siècles précédents, et tombées dans le domaine public. C'est à ce moment psychologique que le rôle de N. David se dessina nettement, et sa pensée directrice intervint de façon maîtresse dans la discussion. Il l'interpréta lui-même, au gré de tous, dans les termes les plus convaincants, et les propositions qu'il soumit à ses collègues allaient, sans contredit, constituer la genèse d'une des publications littéraires les mieux appropriées au génie français et d'une des entreprises commerciales les mieux conditionnées qui aient surgi à l'instar de la *Grande Encyclopédie*, quoique à un degré moins élevé, dans le monde de la librairie universelle !

Nicolas David, typographe de profession, avait bénéficié, en son jeune âge, des bienfaits d'une culture intellectuelle au-dessus de sa position sociale. Boursier au collège de Reims, sa ville natale, il en était sorti nanti de ses diplômes universitaires, mais en même temps d'une fièvre d'indépendance qui l'amena à dépenser les plus belles années de sa vie en pérégrinations et en tournées professionnelles dans les centres les plus animés où l'art de l'imprimerie essaimait ses champions.

Au cours de cette carrière mouvementée et nomade, il avait, au contact du vrai peuple ouvrier, constaté l'indigence extrême du bagage philosophique et littéraire des classes laborieuses.

Considérable était le nombre des illettrés, le pouvoir politique ne prêtant que mollement la main à la fréquentation scolaire ; d'ailleurs, le régime obligatoire n'était point en vigueur alors. Les républicains de 48, grisés de réformes, en donnant au peuple le suffrage universel, l'avaient mis en possession d'un champ à cultiver sans lui placer en mains l'outil nécessaire : l'instruction. Les efforts de Carnot et ses successeurs en cette voie dénotaient les meilleures intentions et des vues d'avenir, mais ils ne les avaient pas poussés avec cette ténacité et cette foi en la réussite qui sont la marque des vrais réformateurs. Sous le Second Empire, on perçut un mieux sensible dans l'application des lois d'enseignement. Les écoles furent plus fréquentées qu'au temps de la défunte République et de la vieillotte monarchie de Louis-Philippe. Toutefois, les matières de l'enseignement primaire restaient bornées aux éléments les plus rudimentaires : le peuple recevait la dose de savoir strictement nécessaire aux actes les plus simples de la vie. Les efforts se confinaient dans le domaine de l'enseignement confessionnel, pour la diffusion du catéchisme romain et de l'histoire dite sainte, qui est une concentration des légendes hébraïques. Le pouvoir de contrôle ecclésiastique veillait jalousement à écarter des mains du peuple tout élément de littérature ou d'histoire subversif de l'ordre social inauguré avec le Second Empire.

Dans les campagnes, la lecture hors classe se faisait le soir, et surtout l'hiver, pendant les longues veillées inoccupées aux champs ou à la maison. Peu de livres véritablement instructifs s'égaraient dans ces réunions : on y rabâchait, du premier au dernier de l'an, les inepties des *Almanachs* de tout acabit et de toutes provenances colportés par les porte-balles, les uns et les autres confectionnés dans le même ordre d'idées, sous des formats et des titres différents suivant l'esprit et la coutume des provinces, mais sur le même plan, avec les mêmes matières puériles et dénuées de toute sève spirituelle.

Cette alimentation paraissait suffisante à ceux qui ne demandaient aux masses rurales que du travail, de la patience, du dévouement à la Patrie, du respect envers la dynastie et les puissances établies, et surtout le bon bulletin de vote, dûment visé par le curé ou ses partenaires intéressés.

Dans les villes, l'*Almanach* avait ainsi obtenu droit de cité, mais à côté d'une manne intellectuelle d'ordre divers. On y vivait d'une façon moins bestiale, du moins les classes moyennes : on s'y piquait de lettres, et toute cité un peu importante s'honorait d'une Société académique où, comme l'écrit David, qui n'aimait guère ces cénacles littéraires, « on se livrait à des aperçus étonnants de profondeur sur les causes de la phtisie chez les poulets ; on y démontrait pourquoi les œufs d'oie sont plus gras que les œufs de poule, pourquoi l'eau a pour principe l'hydrogène, pourquoi les nuages courent aux cieux...., etc. ». En vérité, c'est dans ces cercles un peu fermés que . se concentrait tout ce que la province avait su garder de respect aux lettres et aux arts ; mais à leur porte veillait jalousement la sentinelle qui a pour mot d'ordre la séparation des classes sociales, et jamais le peuple proprement dit, ce *peuple* si bien défini par Mirabeau et que jadis on appelait *la canaille* (1), n'y pénétrait.

Les bibliothèques communales étaient abordables aux heures mêmes où le travail manuel s'exerce de la façon la plus opportune et féconde, et par cette méthode, n'y fréquentaient que les hommes de loisir ou les professionnels de l'enseignement et de la science. Elles ne faisaient point le prêt des livres. Il fallut, pour que le peuple connût enfin les délices de la lecture saine et fortifiante, l'avènement des bibliothèques d'écoles communales ou populaires, encouragées par le ministre Duruy, provoquées et subventionnées par la Ligue de l'Enseignement (2).

Que restait-il au monde ouvrier, à ce peuple de petites gens de boutique et d'atelier, retenues à la peine, du petit jour

(1) Débat sur la dénomination que doit prendre l'Assemblée des Communes. (Mirabeau) voir volume 47 de la BIBLIOTHÈQUE NATIONALE.

(2) C'est en 1863 que Jean Macé fonda, à Beblenheim, la *Société des Bibliothèques Communales*. La BIBLIOTHÈQUE NATIONALE surgissait à point pour en garnir, à bon marché, les rayons.

jusqu'à nuit pleine et entière, harassé souvent, désœuvré toujours une fois arraché à son travail ? Rien, à moins qu'on considérât comme un élément réel d'instruction ou de distraction intellectuelle les feuilles politiques locales, — gazettes officieuses, surveillées de près par un pouvoir occulte et méfiant.

Donc, partout et sans conteste, désespoir de l'humanité pensante et éclairée, sécheresse, aridité, pénurie, disette d'aliments intellectuels.

Dans la sphère effacée où s'agitait alors Nicolas David, et bien que ce ne fût point sa mission officielle d'avoir à s'occuper de ces hautes questions pédagogiques, cette situation déplorable l'affectait profondément et il rêvait à ce qu'il serait possible de faire, par l'union des bonnes volontés, pour y porter remède. Que les fiers et puissants personnages qui, de toute éternité, se sont adjugé le gouvernement des peuples, ne prennent point en pitié dédaigneuse cette poussière d'humanité. sorte de microbe d'utilité publique, cet individu sans mandat. ce ver de terre qui aspirait aux étoiles ! On lui doit d'avoir contribué, aux premiers rangs de la phalange des ouvriers-associés, à mettre en pratique, après l'avoir paraphrasée à sa façon, la parole de Danton. proclamant à la tribune de la Convention nationale, qu' « *après le pain, l'instruction est le premier besoin du peuple !* »

En ce XIXe siècle qui vit tant de bouleversements, le domaine public s'était enrichi de la pensée des siècles précédents, trésor de littérature universelle, dépôt de richesses sans nombre, où l'on n'avait qu'à puiser indéfiniment !

Et c'est là le conseil que David donna à ses frères en coopération, — conseil qui fut écouté pieusement et suivi avec enthousiasme !

Au sortir de ses langes, la Société Ouvrière de l'imprimerie Dubuisson entrait en possession d'un héritage colossal, à peine entamé par les générations précédentes. Le filon littéraire, accumulé pendant des siècles dans l'immense domaine de la Pensée, demeurait presque indemne de toute exploitation judicieusement réglée. Il appartenait, à ces modestes ouvriers-typographes, d'en extraire les parcelles les plus précieuses, et, à l'instar du Pasteur évangélique multipliant les pains, de reproduire ces parcelles à l'infini pour les semer aux quatre vents de l'Esprit ! Mais combien, alors, parmi eux, songeaient à la noblesse de la mission qui allait leur échoir par la force des choses ! Simples exécuteurs d'un plan de solidarité ouvrière, ils n'avaient entrevu que le but immédiat de leur entreprise, et purement matériel ; s'assurer, à eux comme à leurs camarades d'atelier, le travail dont dépend le pain quotidien.

Les hommes qui les avaient appelés à cette œuvre commune, ces deux initiateurs, Gautier et David, tout en marchant la main dans la main sur la même voie de réalisation, fixaient leurs regards vers des idéals différents, situés à des altitudes opposées. Gautier, cerveau avisé et pratique, visait au succès matériel en même temps que moral : il astreignait sa pensée à frôler le sol ! David, poète, sentimental rêveur, épave de l'humanitarisme de 1848, réchauffait, en son cœur, des sentiments plus dégagés des contingences terrestres : ses regards remontaient sans cesse vers les cieux ! Apôtre de ce nouvel Evangile, qui suscita la Révolution française, il rêvait d'en répandre les doctrines parmi les générations nouvelles, assoupies dans un matérialisme démoralisateur.

Ils allèrent, chacun d'un pas égal, au succès_ de leur entreprise, unis dans une espérance commune, aboutissant en fin de compte à la complète réalisation de leurs idées. Si la BIBLIOTHÈQUE NATIONALE doit à Gautier l'ensemble des mesures techniques qui assurèrent la marche normale et ascendante de ses services, elle a reçu de David l'empreinte mystique qui lui assurera, à tout jamais, le culte de la Démocratie, et fit d'elle un des organes les plus féconds de la régénération morale de la France, après les désastres de la fin de l'Empire.

Tout le personnel de l'imprimerie Dubuisson se mit à l'œuvre avec une ardeur et un dévouement sans exemple dans l'industrie typographique. Du plus humble au plus fier, dans cette ruche animée, consciente de la valeur de l'œuvre à laquelle

tous coopéraient, l'enthousiasme et le zèle
se partagèrent les cœurs et les cerveaux.

Les caractères de plomb s'alignèrent à
l'intérieur des formes, les presses gémi-
rent, l'encre ruissela, le papier déroula ses
rectangles d'un blanc immaculé. Plieurs et
brocheuses s'enfiévrèrent à leur besogne et,
certain matin de 1859, — pour les étrennes
de 1860, — frais et fleurant bon sous son
coquet enrobage bleu de France, le premier volume de la BIBLIOTHÈQUE NATIONALE
fit son apparition aux vitrines des librai-
res.

La surprise fut générale parmi les flâ-
neurs lettrés qui se dandinent le long des
étalages, et les clients sérieux, professionnels du livre ou amateurs de nouveautés
qui papotent dans les boutiques. Combien
coquet ce gracieux in-16 en sa toilette claire
et sous sa svelte gaîne ! et limpide ce texte
imprimé, ce *noir sur blanc* qui signifiait
tant de choses ! et miraculeux cet extrême
bon marché en matière de librairie ! Combien aussi prometteur et alléchant l'énoncé
des œuvres sous presse, le titre même
de l'œuvre parue ! Et si flatteurs pour l'a-
mour-propre collectif des Français ces deux
mots flamboyants : BIBLIOTHÈQUE NATIO-
NALE qu'impulsivement il se fit entendre
partout un unanime concert d'éloges !
« Ah ! la bonne idée ! la délicieuse trou-
vaille ! » Que de commentaires favorables
en tous lieux, dans les milieux les plus
disparates sous la diversité d'opinions et
de tempéraments !

Des profondeurs de la population parisienne, ce fut une ruée vers cette manne profuse, attendue, espérée depuis si long-temps, ainsi que l'avait été le Messie. Eh quoi ! tant de richesses alimentaires avaient pu être soustraites pendant des siè-cles à l'appétit intellectuel d'une race d'hommes qu'on disait située, de tous âges, à la tête de la Civilisation !

Les choses ainsi considérées, l'avidité al-lait être sans limites et le peuple des li-seurs regagnerait en hâte le temps perdu.

Donc, rapide et général fut le succès.

Les promoteurs de l'entreprise en éprou-vèrent quelque émoi, tout d'abord : ils per-cevaient l'assaut prochain de la vague d'envie qui s'efforcerait de les engloutir. Mais ils étaient, sinon des preux, du moins de vaillants Gaulois à qui seul l'effondre-ment des Cieux paraîtrait redoutable, et ils n'en perdirent ni leur sang-froid ni leurs réserves de bon sens, pas plus que le souffle empoisonné de l'Orgueil n'ef-fleura leurs esprits. Lentement, avec téna-cité et confiance, ils sonderaient le terrain sur lequel ils posaient le pied, tâteraient le pouls de l'opinion, mesureraient les sym-pathies, soupèseraient les haines, et, d'après le diagnostic, ou maintiendraient leur œuvre dans les limites tracées, ou l'é-lèveraient au pinacle, en face des grandes entreprises d'édition en cours.

Le tome Ier de l'*Histoire de Charles XII* n'était pas sorti des presses que son tome second et dernier entrait en forme, prêt à glisser sous les rouleaux haletants, et suant leur encre inépuisable.

On fit la fête, un soir, rue Coq-Héron, 5, en l'honneur du premier-né.

Avant de se séparer, les membres du cénacle s'étaient fortifiés à nouveau dans la volonté déclarée de limiter l'entreprise à la durée de la crise typographique, et il avait été décidé que la publication ne serait pas périodique. Avec la timidité des joueurs qui n'ont pas assez d'argent pour risquer gros jeu, les associés avaient fixé à six le nombre des volumes à faire circuler ; leur tirage ne devait pas dépasser cinq mille exemplaires, et, quand les six volumes en question furent imprimés, avec une excusable imprévoyance du succès futur, leur *composition* fut bénévolement détruite.

D'ailleurs, avec le temps, la crise s'était apaisée ; les ouvriers reprenaient peu à peu leur besogne normale, et pendant plusieurs mois, ceux qui étaient intéressés dans l'entreprise de la BIBLIOTHÈQUE NATIONALE n'eurent d'autre souci que de suivre exemplaire par exemplaire la sortie des trente mille volumes imprimés. A leur grand ébaudissement, les nouvelles quotidiennes de la vente accusaient des chiffres de plus en plus stupéfiants. Les demandes s'amoncelaient avec tant de suite, qu'elles nécessitèrent une réimpression rapide et sans délai, des volumes parus, sous peine d'être acculé à une sorte de faillite morale.

En cet instant psychologique, le sort de la publication se régla définitivement, sous la pression des circonstances. Le Comité de direction réunit les associés pour décider, d'un commun accord, de la suite à donner ou non aux opérations commencées.

L'œuvre allait, cette fois, revêtir ce double aspect d'intérêt social et d'intérêt spéculatif qui donnerait satisfaction à tout le monde.

On était alors aux premiers jours de l'an 1860. Nicolas David, en prenant chez Dubuisson les fonctions du prote qui venait d'être admis à la retraite, avait vu s'augmenter et s'affermir son prestige et son autorité auprès de ses collègues et dans le Comité de direction. Ses avis n'en furent que mieux écoutés et mis à exécution.

La besogne la plus urgente fut accomplie aussi rapidement que possible. On refit la composition des volumes déjà épuisés et on les tira à 15.000 exemplaires.

Pour couvrir les frais de cette opération, qui dépassaient les prévisions et nécessitaient de nouvelles mesures financières, on décida de renoncer aux pratiques provisoires de prélèvement sur salaires qui avaient fonctionné jusque-là, et on envisagea sérieusement la création officielle de l'œuvre coopérative ébauchée.

Sa consécration eut lieu effectivement à la date du 1er janvier 1866 par la publication de l'acte de fondation de l'Association, contenant ses statuts définitifs et la signature de tous les membres associés, avec indication du chiffre de leurs parts représentatives.

En voici la teneur exacte, qui restera comme un monument commémoratif en l'honneur des hommes modestes qui collaborèrent à la fondation de la BIBLIOTHÈQUE NATIONALE.

Les soussignés

Ont, depuis le mois de juin 1863, entrepris en commun la publication d'ouvrages anciens et modernes sous le titre de BIBLIOTHÈQUE NATIONALE.

Ils ont fondé cette entreprise au moyen de cotisations fournies par eux dans des proportions inégales, et qui leur ont donné des parts correspondantes dans la propriété de l'œuvre commune. Ces parts seront indiquées plus loin en regard du nom de chacun des intéressés.

Jusqu'ici, il n'a existé entre eux qu'une Association de fait ; mais l'œuvre ayant pris des développements qui paraissent destinés à s'accroître encore, ils ont jugé le moment arrivé de consacrer cette Association par un acte régulier, et, en conséquence, ils ont arrêté les conventions suivantes :

ART. 1er. — Il est formé entre les soussignés une Association en participation pour la publication d'ouvrages anciens et modernes, sous le titre de BIBLIOTHÈQUE NATIONALE.

ART. 2. — La durée de l'Association est fixée à sept ans, à compter du 1er janvier 1866.

ART. 3. — L'Association est gérée, vis-à-vis des tiers, par l'un des associés, agissant seul et en son nom personnel, mais sous l'autorité d'un Comité d'administration intérieure chargé de diriger toutes les opérations de l'Association. Ce Comité se compose de sept membres, y compris le gérant, qui y a voix délibérative.

ART. 4. — Chaque année, le Comité est nommé en assemblée générale. Il désigne dans son sein, pour l'année de son exercice, le gérant de la participation.

ART. 5. — Les membres du Comité et le gérant sont toujours rééligibles. Ils sont révocables à toute époque, sur la proposition de dix membres de l'Association.

ART. 6. — Une assemblée générale a lieu chaque année pour examiner les comptes et délibérer sur les intérêts de l'Association.

Le vote a lieu par tête, quel que soit le nombre de parts possédées par chacun des votants.

Les membres du Comité ont voix délibérative.

ART. 7. — L'assemblée générale a le pouvoir de décider la prolongation de l'Association, sa dissolution anticipée, sa transformation en tout autre genre de Société reconnue par la loi, la révocation des membres du Comité et du gérant. Elle peut aussi modifier le mode d'exploitation de l'entreprise.

Dans ces divers cas et autres analogues, les résolutions doivent être prises à la majorité des deux tiers des membres de l'Association.

ART. 8. — Dans les assemblées ordinaires, le vote a lieu à la simple majorité des membres présents, quel que soit leur nombre.

ART. 9. — Les assemblées générales sont convoquées par le Comité et, à son défaut, par dix membres de l'Association.

ART. 10. — Il est procédé à un inventaire annuel. Les bénéfices et les pertes sont répartis entre les associés en raison du nombre de parts possédées par chacun d'eux.

ART. 11. — Aucune part ne peut être cédée qu'à l'Association. La cession a lieu sur le pied du dernier inventaire, et elle doit être agréée en assemblée générale à la majorité fixée par l'art. 8.

ART. 12. — En cas de décès d'un associé, la Société n'est pas dissoute ; elle continue avec ses héritiers ou représentants, à moins qu'ils ne préfèrent céder leurs droits, conformément à l'art. 10. En aucun cas, ils ne peuvent provoquer ni apposition de scellés ni inventaire.

La Société peut aussi les contraindre à recevoir le remboursement de leurs parts sur le pied et dans les conditions du même art. 10 ; mais elle doit déclarer son intention dans les trois mois du décès, à peine de déchéance.

> Fait à Paris, en autant d'originaux que de parties intéressées, le 1er Janvier 1866.

Suit la liste des associés, avec l'indication des parts appartenant à chacun d'eux.

MM. Alfonsi Théodore, 2 ; Arnould, 1 ; Auguste, 3 ; Azémar, 2 ; Baraguet Achille, 4 ; Bausenwein Victor, 1 ; Benoit, 3 ; Berthier, 1 ; Berthold, 2 ; Blanc, 2 ; Bouvier Charles, 10 ; Camus Narcisse, 1 ; Cantiniaux, 1 ; Capelle Emile, 2 ; Daunis Victor, 1 ; David N., 3 ; Delarivière, 1 ; Delaville, 1 ; Fischer, 2 ; Fossard, 1 ; Fromy, 1 ; Gautier H., 42 ; Gonnot H., 1 ; Guérillon, 1 ; Hochu, 2 ; Lapérine, 2 ; Legrand Hubert, 1 ; Legrand J., 1 ; Lenord A.-J., 4 ; Leroux, 2 ; Madinier, 1 ; Marielle, 2 ; Marpon Charles, 3 ; Marpon Lucien, 10 ; Mazade, 15 ; Mazaudier, 2 ; Mennecier, 1 ; Merlin, 3 ; Michel, 22 ; Patou, 2 ; Pflüger Louis, 2 ; Piquenot, 3 ; Rayé, 1 ; Renders, 2 ; Royol, 5 ; Soissons, 2 ; Sougy, 4 ; Stempfelet, 2 ; Stipfer, 10 ; Tardieu, 1 ; Vasanne, 2 ; Viguier, 2 ; Walker, 2. — Total : 200.

La Société ouvrière en participation se trouvait de la sorte constituée officiellement au moyen de cette émission de 200 actions nominatives de 50 francs chacune, réservées aux seuls membres de la corporation et, par privilège, aux fondateurs de la Bibliothèque Natiodale.

Dès cet instant, l'association des typographes parisiens prenait place dans les rangs du patronat, sous la forme Coopérative de production, qui, de nos jours, paraît être entrée, avec de grandes chances de succès, dans les mœurs économiques de la Nation. Elle allait exploiter, pour son propre compte, une denrée commerciale de l'ordre le plus élevé, et s'efforcer d'en tirer, en plus de ses avantages sociaux, un bénéfice matériel appréciable : double façon d'envisager les choses qui donnait satisfaction à la fois aux protagonistes de la thèse Gautier, très nombreux, et à ceux, plus restreints, de la thèse David.

Dans les cercles intellectuels, les esprits libéraux virent d'un œil favorable la mise en pratique de ces idées de coopération qui sont à la base du progrès social et dont le triomphe paraît imminent à l'aurore du xxe siècle. D'autre part, les serviteurs de la Démocratie s'apprêtèrent à faire usage de l'arme nouvelle mise à leur portée, — arme infaillible de propagande populaire à laquelle la troisième République est redevable de ces générations vaillantes et stoïques d'électeurs qui, pleins de foi, marchèrent sous son drapeau.

Le siège de la BIBLIOTHÈQUE NATIONALE fut maintenu, avec tous ses services de publicité, dans l'immeuble de l'imprimerie Dubuisson et Cie. Il y avait simplement ceci de changé que la BIBLIOTHÈQUE NATIONALE devenait un client sérieux de la maison.

La poste continuait à déverser ses flots de lettres envoyées de partout par des correspondants anonymes ou inconnus. Les avis, les encouragements, les exhortations, les directions, les reproches, les compliments et les injures mêmes affluaient avec les commandes. Le Comité de direction examinait ce courrier avec soin et, suivant les cas, en tirait le parti le plus juste. Il eut fort à faire dans cette besogne d'examen et d'utilisation, car mille sentiments divers s'excluaient les uns par les autres dans cette mêlée de paperasses. Les intérêts mercantiles, lésés par cette invasion de brochures à bon marché, les opinions froissées et menacées dans leur sécurité relative par les tendances indéniables de la publication, les jalousies et les regrets de lanceurs d'idées devancés et surpassés, et mille autres sentiments honteux mais éhontés, — grimaces et crachats d'intelligences bestiales et de cœurs ulcérés, — s'apprêtaient à faire masse contre le flot des faveurs populaires. Mais, si les champions de la BIBLIOTHÈQUE NATIONALE n'avaient pas osé espérer son succès, ils n'en avaient pas moins prévu ces sournoises attaques, et ne s'en affectèrent point outre mesure. Bien mieux que l'enthousiasme des partisans, l'opposition des adversaires fut pour eux l'aiguillon qui excite, le breuvage qui décuple les forces.

Entre les amis et les ennemis se glissait le bloc grisâtre et terne des indifférents, des neutres, des hésitants, des pusillanimes, des cerveaux creux et des solliciteurs. En prenant contact avec toutes ces mauvaises herbes de l'esprit de contradiction, il fallait se garer avec soin de s'empêtrer dans leurs lianes. Comme au Colin-Maillard, les crieurs de casse-cous se multipliaient, de bonne foi ou intéressés. Plus d'un esquissa une démarche accompagnée du manuscrit inédit. « Prenez mon ours ! » suppliaient-ils. Là résidait le plus grand danger. Il fallut se montrer énergique et dire non avec autant de désinvolture qu'on aurait répondu oui. David, caractère bien trempé, sans peur ni reproche, inflexible sans animosité, se chargea de la besogne. En présence de la marée montante de ces observations aigres et de ces conseils fuligineux, le Conseil de direction décida qu'il « *fallait allumer la lampe éblouissante des explications* » et darder ses rayons sur les amis et les ennemis, afin que chacun sût à quoi s'en tenir sur ce qui s'était fait dans le passé ou s'accomplirait dans l'avenir. On s'emparerait de ces arguments divers pour en disséquer la pulpe et en extraire le suc fertilisant des idées justes, ou l'amertume des utopies et de l'égoïsme privé. Une plume incisive et ferme, un vocabulaire familier et précis, une compétence réelle en technique professionnelle et littéraire était indispensable. Il fallait aussi qu'elle fût tenue par un homme sûr, zélé, probe, de fermeté à toute épreuve.

Le Conseil de Direction n'eut qu'à le distinguer dans son sein et l'en extraire. C'est à Nicolas David que fut confiée la mission de répondre aux détracteurs précis et aux complimenteurs filandreux, de fournir des explications aux amis bienveillants, et des éclaircissements généraux sur l'avenir de la publication. À lui donc échut ce rôle qu'au théâtre on confie au régisseur : il parlerait au public.

Qui donc était-ce, au juste, que ce Nicolas David ?

———

Les Archives municipales de Reims ont conservé un procès-verbal du commissaire Gellé, constatant que les matériaux provenant des démolitions de l'abbaye de Saint-Denis (1), en cette ville, furent achetés, en 1796, à deniers comptants, par les frères David, charpentiers et entrepreneurs de bâtiments.

L'un de ces deux frères, Nicolas-Remi David, habitait en face de l'abbaye, au n° 21 de rue Denis. Il était né à Reims,

———

(1) Le cloître de l'abbaye fut laissé intact et servit de « séminaire » jusqu'à ces derniers temps. Propriété de l'Etat depuis la Séparation, ce séminaire a été transformé en un *Musée des Beaux-Arts* qu'a inauguré, le 19 octobre 1913, le président Poincaré.

Nicolas DAVID

en 1765, de Remi David, maçon, et de Marie-Anne Lécuyer, demeurant en la place de la Couture. Quand son père mourut, en 1790, laissant à ses fils une clientèle à conserver, Nicolas était déjà marié : il avait épousé Marie-Remiette. Lacaille, orpheline recueillie par son oncle Lacaille, fabricant de couvertures de laine, rue Neuve, 40, à Reims.

Les David-Lacaille eurent deux enfants : Jean-Baptiste, né en 1796, et Nicole-Remiette, laquelle épousa, en 1819, un de ses concitoyens, Jobart, fils d'un courtier en vins de Champagne.

Jean-Baptiste David fut l'aide et l'associé de son père jusqu'en 1829, date du décès de Nicolas. Les annales rémoises enregistrent qu'en 1814, Nicolas David, capitaine-instructeur des pompiers, organisa et dirigea les travaux de terrassement entrepris pour la défense de la ville, en même temps que pour pallier au chômage des fabriques, fermées à l'heure de l'invasion.

De son côté, Jean-Baptiste, âgé de 18 ans, avait été attaché, comme chef d'atelier, à ces travaux de défense, entrepris face à l'ennemi. L'an d'après, à la seconde invasion, il fut employé aux ouvrages de défense de Paris, en qualité de piqueur du Génie.

En 1820, le jeune J.-B. David épouse Elise-Francine Cerlet, fille de Pierre-Louis, cultivateur et meunier à Fléchambault, faubourg de Reims, et de Louise-Sébastienne Cahart. Les deux époux habitèrent au n° 21 du faubourg Cérès, même ville.

C'est là que naquit, le 12 août 1822, Nicolas-Remy David, futur prote de l'imprimerie Dubuisson.

L'union David-Cerlet ne fut pas heureuse, par des oppositions de caractères et d'habitudes. Le désaccord atteignit son état aigu en 1830, et un jugement en séparation de corps et de biens intervint en faveur de l'épouse. La famille se trouva, de ce fait, disloquée et ses membres s'éparpillèrent de côté et d'autre. Le père vécut seul, ses enfants ayant été confiés à d'autres soins. Jules, né en 1824, resta sous la tutelle de sa mère. Nicolas fut confié à son aïeule paternelle Marie-Remiette Lacaille, habitant alors dans l'un des immeubles de la succession de son mari défunt, rue de la Comédie, 5, à Reims (1). Nicolas David vécut là sa seconde enfance et les années troubles de la puberté et de l'adolescence. Malgré cette chaude protection, il manquait à l'enfant les choses indispensables au bonheur : les caresses maternelles et l'amitié d'un père qui aurait pu être son *grand camarade*. Il dut envisager, de bonne heure, la nécessité de se conduire seul dans la vie, et son caractère en acquit une certaine virilité qu'il devait garder toute sa vie. L'autorité de l'aïeule, s'exerçant plutôt d'une façon conciliante. Nicolas eut bientôt au cœur l'amour de l'indépendance, et, à l'époque où la jeunesse est toute aux ris et aux ébats insouciants, il savait déjà ce qu'il fallait faire

---

(1) Actuellement, rue de Talleyrand.

pour pouvoir dire de soi-même qu'on est un *self-man*. Un peu court de taille, mais râblé et plein de santé, un joli visage, l'œil noir, vif et provocateur, le jeune homme fut prêt de bonne heure à lutter contre les déprimantes humiliations d'une fausse situation sociale et les duretés de l'existence lotie aux orphelins. Entré tout bambin à la pension Picard, impasse du K rouge, il y recueillit, sans peine, les fruits médiocres de l'arbre scientifique que les maîtres d'alors échenillaient avec un soin pieux, des erreurs mondaines. La grand' mère Lacaille et l'oncle Jobart-David l'en retirèrent à l'âge de la première communion et obtinrent pour lui, après concours, une demi-bourse au Collège et, en 1833, le palmarès de l'Institution signale déjà son nom, en bonne place, après d'autres appartenant à des fils de famille, destinés aux grandes situations commerciales ou industrielles, futurs fabricants de tissus, négociants en laine ou en vin de champagne. Studieux, intelligent et doué d'une mémoire excellente, curieux et travailleur, il se sent attiré par les Lettres plutôt que les Sciences. Il sort du Collège en 1838, possédant à fond le latin et le grec avec quelques langues vivantes. Quant à l'idiome national, il l'avait châtié rigoureusement et réduit en esclavage.

La verve poétique s'était éveillée en lui au contact et sous l'inspiration de son professeur, Théodore Carlier, fin rimeur et penseur délicat, mort jeune à Nice. Avec

ses camarades Pierre Dubois (1), Abel
Maurice (2), les Rohart (3), les Pierson (4),
et d'autres, issus de la plèbe et boursiers
comme lui, il avait formé au Collège un cénacle littéraire qui se retrouva uni hors
les murs de son enceinte. Les jeunes gens
se groupèrent autour d'un vieil artiste dé-
chu, Paul Pottier (5), statuaire remarquable, à qui l'Art français est redevable d'un
buste, le *Grognard*, qui eut de la vogue
vers 1840 ; le talent du sculpteur s'épuisait
au modelage des *Binettes* locales, quand
fut fondée, en 1845, sous la direction de
David, la *Revue de Reims*.

Or, bien avant cette glorieuse époque,
Nicolas avait connu la dure existence du
travailleur manuel et parcouru quelques
étapes du tour de France traditionnel.
Abhorrant tout ce qui sacrifiait au dieu
Mercure, il avait voulu, au sortir du collège, goûter d'une profession en rapport
avec ses goûts littéraires. Par contrat avec
Luton, maître-imprimeur à Reims, il ap-
prit le métier de typographe et l'exerça

---

(1) Pierre Dubois, imprimeur et littérateur
rémois (1823-1868), par Eug. Dupont. 1 volume
in-8° avec portrait. Reims, 1911.

(2) Abel Maurice fut rédacteur en chef à
l'*Indépendant Rémois*.

(3) Achille et Ferdinand Rohart. Ferdinand
fut chimiste et écrivain scientifique.

(4) Eustache et Hippolyte Pierson, typographes et poëtes rémois.

(5) Ancien soldat de l'Empire, né à Neuf-
château en 1792, mort à Reims en 1852.

pendant trois ans. De là, il entreprit son premier voyage, en dirigeant ses pas vers cette Provence et cette Italie, mères nourricières du génie gréco-latin, dont il était idolâtre. Fort, beau, le jarret solide, la poitrine large, le front haut, l'œil vif et limpide, sain comme la Nature même à l'aurore d'un beau printemps, d'étape en étape, muni du viatique fourni par la bonne aïeule, il va d'enchantements en enchantements, par la belle vallée du Rhône, pour arriver un soir, exténué, aux portes d'Aix. Deux chenapans le rencontrent, le rossent, le dépouillent du maigre pécule qui lui reste, et l'hôpital voisin le recueille, d'où, guéri, désillusionné, ahuri de cette aventure, il se fait rapatrier en sa ville natale.

La conscription le dédaigne. Il entre alors au service de divers maîtres-imprimeurs, se perfectionne à la fois dans son métier et dans l'art d'écrire, puis, piqué à nouveau de la tarentule des nomades, il se dirige vers ce Paris dont le phare lumineux attire éternellement les phalènes de province, s'arrête et séjourne à Epernay dans l'atelier de Valentin-Légée, commence à introduire sa prose dans une feuille imprimée, le *Polygraphe*. Enfin, le voici aux portes de la capitale. Il y pénètre, le cœur agité de mille sentiments, plein d'espoir et de vaillance. Il y trouve du travail et aussi des fréquentations qui, sans trop de tiraillements, entraînent sa fougue libertaire vers les Clubs où s'élabore la transformation de la Société. De grands noms résonnent à son oreille : Barbès, Blanqui. Les voir, les entendre, suivre leurs enseignements, se rendre esclave de leurs paroles et de leurs gestes ! collaborer sous leurs ordres, à donner à ce peuple français, idéaliste et généreux, la forme définitive de son bonheur social ! quel beau rôle à remplir au début de la vie ! quel sacrifice plus digne à offrir à des convictions sincères ! et voilà notre éphèbe mêlé, un dimanche de mai 1839, au groupe des hommes et des gamins que Blanqui a lancés à l'assaut de la forteresse royale !

De la rue Bourg-l'Abbé, après s'être munie d'armes chez l'armurier Lepage, la troupe, enthousiaste, s'élance vers l'Hôtel de Ville où Barbès a déjà culbuté le Régime ! Martin-Bernard, le mentor de David, ne le quitte pas d'une semelle ; ensemble, ils seront aux premiers rangs. Hélas ! les compagnies de ligne ont vite raison de l'émeute naïve, et c'est la fuite des vaincus !

Martin-Bernard est pris. David, subtilement, glisse au travers des mailles du filet et, l'oreille basse, échaudé, jurant qu'on ne l'y prendrait plus, reprend le chemin du pays natal où, du moins, il peut espérer retrouver la bonne litière sur laquelle l'a couvé l'excellente aïeule David-Lacaille.

La *casse* le reprend, mais aussi les lutins littéraires. Pressé de se produire, de s'imposer à ses compatriotes, surtout aux condisciples vaniteux qui ont eu le sourire moqueur vers ses détresses et ses médiocrités antérieures, il donne le jour à la *Revue de Reims*. L'équipe de ses fidèles s'est serrée autour de lui, l'oreille ouverte à la pensée philosophique émise généreusement par Paul Pottier, dans le jardin des frères Pierson ou dans son atelier de modelage.

En ces parages se trouve l'écueil contre lequel va se briser le frêle esquif des ambitions juvéniles de David et de son frère intellectuel Pierre Dubois. Ce n'est pas impunément que toutes les quinzaines, une compagnie d'adolescents à qui la moustache pousse, comme à regret, va cribler de ses sarcasmes les idoles locales vissées sur les stalles des académies ou accoudées sur le tapis vert des cénacles littéraires ! Six mois la fête dure ; mais il n'est point de feu d'artifice qui brûle éternellement et sans même le bouquet final, les dernières lueurs s'éteignent aux cieux, et la nuit se colle sur la carcasse de l'édifice. La *Revue de Reims* n'est plus qu'un squelette ! L'artificier en chef n'a plus qu'à disparaître. Ses collaborateurs se terrent sur place, en attendant l'oubli.

Fier comme Artaban, Nicolas David prépare et roule son *baluchon*, gravit la colline de la Haubette qui amorce la route vers la capitale et, secouant ses souliers ferrés dans le grondement d'une malédiction sur la cité marâtre qui renie ses fils les meilleurs, il va vers l'avenir — et l'imprévu qui en est l'essence. Qu'on juge cependant du désespoir qui l'oppresse par cet adieu pathétique lancé d'une plume émue aux lieux qui l'ont vu naître !

« *Ce n'est pas sans un amer regret que*

je dis adieu à mes collines et au sol ingrat de ma pauvre patrie pour les luttes incessantes de la vie centrale. C'est en vous pleurant, pénates de mon enfance ! que j'ai dû laisser à d'autres un fardeau que ma nature morale ne pouvait supporter, — cette dépendance si difficile pour tout homme doué de sentiments humains. Le sacrifice est consommé ! »

Plainte éternelle des déracinés, de ceux que le destin contraire arrache à la petite patrie ! En aucun langage humain ni sous une forme plus touchante, par la plume du plus grand des poètes, on ne la trouverait mieux exprimée, et dans une sincérité plus absolue !

Trois années durant, David végéta d'atelier parisien en atelier de banlieue, passant ses dimanches dans les bibliothèques ou le long des quais, s'instruisant par la vue et l'oreille, fréquentant le soir, au sortir du travail, les clubs qui fermentaient en préparant les mouvements insurrectionnels, et la Révolution de 1848 le surprend occupé à revoir, à corriger et classer les manuscrits de ses élucubrations poétiques et romanesques.

On le vit alors, avec son ami Aimé Blaisot, faire le coup de feu sur la barricade de la rue Saint-Merri. Après la victoire, ils furent de ceux qui plantèrent au fronton des Tuileries la pancarte : « *Mort aux voleurs !* »

Puis les voilà tous deux passés au service du gouvernement provisoire, établi à l'Hôtel de Ville. Paris possédait trois mille

typographes ; cependant, deux seulement
eurent l'idée d'offrir leurs bras et leur
bonne volonté à ces dictateurs improvi-
sés qui avaient besoin de communiquer
aux foules distantes leurs paroles éloquen-
tes et enflammées : David et Blaisot, avec
des moyens de fortune, impriment les pro-
clamations qui sortent de cette fournaise.

Avant et pendant ces troubles, David
avait trouvé un gîte, un abri, un asile, un
nid d'amour, un tabernacle d'amitiés sans
prix. C'est au club qu'il rencontra Ray-
mond Prévot, le libraire-papetier de la rue
Bourbon-Villeneuve. Prévot édite des brochures politiques ; c'est un fervent répu-
blicain. Jadis, il avait eu, le premier, l'idée
de lancer en circulation ces romans illus-
trés qui se débitèrent par tranches, en li-
vraisons à dix centimes ; il en fut l'imprimeur, l'éditeur et le vendeur, colportant
lui-même ses fascicules dans les ateliers et
les cabarets. Les ressources lui manquè-
rent pour donner à son entreprise l'en-
vergure possible ; d'autres, mieux outillés,
reprirent l'idée abandonnée et en tirèrent
le parti que l'on sait.

La concordance de leur foi politique,
l'affinité des goûts, la sympathie personnelle, un idéal commun dans tous les ordres de l'intelligence, avaient ébauché le
rapprochement de ces deux hommes. Laure, la fille du libraire, fut le trait d'union
qui cimenta ces amitiés, et David, devenu
l'enfant de la maison, retrouva la famille
perdue, et connut des mois d'un bonheur
conjugal sans rival.

Toutefois, longtemps encore, il lui fut réservé de mâcher rageusement l'herbe amère des déshérités de la fortune. Il gagnait peu, et le jeune ménage dut se contenter souvent du repas frugal de l'amour sous les toits ! Une occasion favorable de sortir de cette position médiocre lui avait été trouvée par son beau-père Prévot : il s'agissait de reprendre un fonds de librairie-papeterie assez prospère, mais dont on exigeait un prix élevé. Quelques milliers de francs auraient cependant suffi pour terminer l'affaire. Comme Prévot lui-même ne pouvait se démunir de cette somme, si nécessaire à son propre commerce, on fit appel à la générosité de la famille rémoise. Mme David-Cerlet, la mère de Nicolas, fit la sourde oreille, et il fallut alors au malchanceux garçon redescendre au fond du puits de la médiocrité, après avoir respiré un instant l'air pur des grandes espérances. Le prolétariat au salaire insuffisant reprit sa victime résignée.

Ce fut Prévot qui, en 1851, s'occupa découler la traduction des *Aïeux* de Mickiewicz, due à la plume poétique de P. Dubois, et pour laquelle N. David écrivit une préface remarquable (1).

De 1845 à 1853, David avait écrit et publié un peu partout, dans des gazettes parisiennes ou provinciales, divers poèmes

----

(1) *Le Presbytère*, traduction en vers français, par P. Dubois. Préface de N. David, 1851 Un vol. in-12, chez Gabriel Jeune, Passage du Saumon, 2, Paris.

ou nouvelles en prose et accumulé, dans ses tiroirs, de nombreux essais littéraires et poétiques dont la plupart restèrent inédits.

En 1853, le hasard, secondé par des démarches amies, le favorise d'un emploi plus rémunérateur et plus digne de ses mérites ; l'abbé Migne, cet extraordinaire et funambulesque éditeur des Pères de l'Eglise, se l'associe au taux dé 5 francs par jour : il en fait son correcteur, son prote, son secrétaire, son rédacteur. C'est David qui corrigera les fautes de syntaxe et de latin des auteurs ou compilateurs qui constituent la clientèle hétéroclite du singulier abbé. C'est lui qui distribuera et vérifiera la besogne de l'équipe singulière qui se renouvelle tous les matins dans ces *Ateliers de Montrouge* où se triturent tant de produits falsifiés. C'est un labeur exténuant, qui laisse tout juste le temps à David de donner à Laure Prévot toute l'affection dont elle est digne, et d'entretenir avec ses amis de Reims une correspondance intime, littéraire et anecdotique fort intéressante. Un témoignage inattendu le flatte sans améliorer l'ordinaire du ménage : le pape Pie IX félicite le secrétaire de l'abbé Migne de la pureté et de la perfection de son latin. Le moindre grain de mil eût, sans doute, mieux fait son affaire !

David restera chez Migne jusqu'en 1859, avec une courte interruption en 1855. Son ami Jules Delvincourt, typo et rédacteur des *Annales du Bien*, l'a décidé à accepter un poste à l'*Industriel de Cambrai*, où, pour deux cents francs par mois, il rédige l'article de fond. Six mois de reprise de contact avec l'esprit mesquin de la province lui suffisent, et le voici revenu à son poste, où l'on tue le veau gras en son honneur.

Il habitera Montrouge pendant des années encore, écrivant et publiant ses travaux de plume au hasard des relations. Des gazettes peu connues reçoivent ses chroniques, ses *nouvelles*, ses poésies fugitives, ses critiques bibliographiques ou théâtrales, — le tout payé au tarif réduit. Il a fini de rimer, trouvant sans doute le placement de ses vers trop hypothétique, et cependant sa Muse est nerveuse, bien inspirée, souvent plane dans les hautes sphères métaphysiques, et si elle redescend sur terre, c'est pour manier le fouet de la satire. Son bagage poétique restera inédit, mais ceux que l'avenir appellera à y opérer des fouilles, en resteront charmés par des trouvailles ravissantes.

Telles quelles, et quand elles lui sont données, ces satisfactions d'amour-propre d'auteur sont les bien venues et revêtent d'un charme consolateur les pénibles labeurs de la vie matérielle. Il cultive ainsi son jardin d'illusions et accumule les matériaux pour construire les châteaux qu'il se propose de construire en Espagne quand la manne des héritages, proche ou lointaine, le comblant, il pourra enfin goûter aux délices de la composition littéraire à temps choisi et donner la mesure de son

talent, qu'il sait réel, et dont il ne doute
pas !

Ce mirage devait, hélas ! s'éloigner sans
cesse de lui, et ne se transformer jamais
en réalité. Cependant, la Fortune consent,
un moment, à loucher de son côté. Son
ami J.-B. Libecq réussit à lui faire ouvrir les portes de l'imprimerie Dubuisson.
C'est une bonne affaire, susceptible d'avenir. Il est payé à raison de 150 francs par
mois ; ce modeste salaire, s'ajoutant au
millier de francs de revenu que Laure a
reçus de l'héritage paternel, suffit, à l'époque, pour lui assurer une existence digne,
quoique dépourvue de confort.

Prévot étant décédé, sa veuve s'est re-
mariée avec un officier en retraite. Jac-
ques Sergent, et tous deux s'accordent à aider le vaillant homme de subsides légers,
mais renouvelés.

Puis, le prote de Dubuisson prend sa retraite, en 1863, et David le remplace. C'est
l'aisance, cette fois ! Les facultés intellec-
tuelles de David prennent alors un nouvel
essor et il s'abandonne avec amour aux
publications de la BIBLIOTHÈQUE NATIONALE.

Une autre entreprise, toujours en collaboration intime avec H. Gautier, lui en-
lève le surplus de ses loisirs : l'*Ecole mutuelle*, créée dans le même ordre d'idées,
et sous une forme presque identique. David fournit à cette collection un *Diction-
naire de langue française*, une *Géographie
générale*, une *Géographie de la France*,
et une *Histoire de France en* trois volumes. L'*Ecole mutuelle*, sœur cadette de la

Bibliothèque Nationale, aurait été appelée à rendre de véritables services si elle avait vécu longtemps. Le succès ne répondit pas à l'attente générale, et les ouvrages épuisés ne furent pas réimprimés.

Homme de confiance de Dubuisson, David est tout à l'imprimerie. Caractère inflexible au regard du devoir, rigidement probe, s'il reste distant du personnel en sous-ordre, il est juste et impartial, généreux et serviable.

A lui se frottent, comme à un conseil avisé, les journalistes, les écrivains et les hommes politiques qui fréquentent la maison. Tous l'apprécient et le comptent au nombre des gens auxquels on est fier de serrer la main : Jules Ferry, Floquet, Hébrard, Duvernois, les Fonvielle, Arthur Ranc, alors simple correcteur à l'*Opinion Nationale*, journal fondé par A. Dumont et dirigé par Guéroult, pour le compte du prince Jérôme Bonaparte ; plus tard, Vermorel, Delescluze, Pyat, Rochefort, Cournet et d'autres qui avaient établi leurs batteries au premier étage de l'imprimerie Dubuisson et emmagasiné là tout l'arsenal révolutionnaire, tous le connnaissent apprécient son savoir, son bon conseil, ses services désintéressés. En revanche, ils aident à ouvrir pour sa prose ou ses rimes satiriques, les colonnes des pétits journaux ou des revues boulevardières. On lira alors sa signature ou son pseudonyme D. du Bourg-Cérès, dans la *Revue Européenne*, qu'imprime Aimé Blaisot, le *Diogène*, où il coudoie Amédée Rolland,

Ch. Bataille, Du Boys, le débutant J. Claretie, Ernest d'Hervilly, Paul Saunière, Cassagnac le bretteur, Hector Pessard ; le *Courrier français*, ressuscité par Vermorel, et où il signe D. de Rovigo ; le *Réveil* de Delescluze, les *Débats*. Le *Figaro* se montre hospitalier à ses *Croûtes de Saint-Eustache*, signées Dr Jacobus. Puis, ce sont les *canards* spéciaux qui teintent d'un peu de littérature leurs réclames commerciales : la *Sylphide*, le *Journal des Demoiselles*, le *Tintamarre* de Commerson, le *Polichinelle à Paris*, les *Annales du Bien*, la *Revue bibliographique*, le *Paris-Elégant*.

Le voilà dans ses éléments : la politique, la littérature. C'est la joie au foyer, auprès de Laure et de ses deux enfants, Louis et Armande. Mais les heures critiques qui verront l'agonie de l'Empire et les désastres de la Patrie sont proches. Un vent de révolution souffle dans les rues de Paris. Les bureaux de rédaction de la rue Coq-Héron sont animés du va-et-vient des hommes qui vont soulever le peuple demain et le jeter sur la place publique. Qui ne craindrait que le jeune insurgé de 48 ne sente affluer de nouveau, dans ses veines d'homme mûri par l'expérience, ce sang vif et pourpre qui bouillonne au son des trompettes de la Liberté ? Son calme et son sang-froid ne vont-ils pas être ensevelis, tout à l'heure, sous les cendres furieusement agitées du souvenir ?... Une déesse tutélaire veille, et l'arrachera en temps voulu, aux étreintes de la cruelle

Action Directe ! Laure est là, sa pensée guettant la sienne, ses yeux le suppliant, ses bras le retenant au foyer, à ce foyer ouvert depuis si peu de temps aux rayons du Bonheur, et qu'il ne faudrait pas saccager à nouveau. Laure veille, et ses enfants ont des caresses qui enveloppent et paralysent. Et puis, la grand'mère Prévot et son vieil officier, mentors infaillibles, en appellent au bon sens de leur beau-fils en des termes qui portent. Ce ne sera pourtant pas à eux de se targuer d'avoir été les vainqueurs, c'est la plume qui gagne la bataille, l'infatigable plume de l'écrivain. Pas une minute du temps disponible après le travail de l'imprimerie ne sera sacrifiée à d'autre distraction que celle d'écrire. David accumule les travaux, entreprend plusieurs besognes à la fois et les termine toutes. Déjà, en 1863, il avait publié, chez Dentu, sous le titre : *Fleurs d'Espagne*, une traduction de *Nouvelles Castillanes* dues à des auteurs mineurs. En 1869, il met en vente, à la librairie de la Bibliothèque Nationale, l'adaptation d'un roman historique de W. Ayguals (1), le *Tigre du Maestrazgo*, ouvrage des plus curieux et plein d'aperçus inédits sur la révolution qui contraignit Isabelle II à chercher un refuge à la Cour de Napoléon III.

---

(1) **D. W. Ayguals de Izco**, ami intime d'Eug. Süe, était un littérateur distingué dont les œuvres eurent un certain succès : *Maria, ou la fille de l'ouvrier ; la Marquise de Bellaflor et Pauvre et Riche.*

Et les petits in-16 de la BIBLIOTHÈQUE NATIONALE continuaient à épuiser le sang de ses veines, à dévorer sa substance cérébrale, à ronger la moëlle de ses os !

Car le reste lui semble œuvre vaine. Dans la préface de ses *Fleurs d'Espagne*, il jette un aveu dépouillé d'artifice qui trahit les angoisses de l'écrivain déçu :

« Depuis nombre d'années, il nous a été donné l'heur ou le malheur de semer aux mille sillons de la presse française notre prose et nos vers, sans avoir recueilli autre chose que la vaine gloriole, d'avoir compté comme un dix-millième, peut-être, dans l'armée des Lettres. Les nécessités de la vie, le manque de savoir-faire, l'horreur du temps perdu, nous ont enlevé la possibilité de franchir un cercle borné à l'avance, et après d'innombrables tentatives pour nous faire une petite place au soleil, nous prenons aujourd'hui le parti de renoncer, au moins pour un temps indéterminé, à notre propre personnalité. Dans cette voie, nous n'ajouterons d'ailleurs qu'une faible unité aux douze ou quinze mille productions annuelles que lance sur le marché français le Briarée typographique. Goutte d'eau dans la mer, ce livre n'a pas la prétention de changer la face de quoique ce soit au monde ; c'est une note de plus dans le concert, elle s'envolera comme toutes les notes de ce monde sans laisser plus de trace que l'oiseau dans les airs. »

De combien de livres dont on a salué le mérite à grands renforts d'articles bibliographiques, ne pourrait-on en dire autant, et qui furent signés par des noms autrement retentissants que celui de Nicolas David ! David a du moins son œuvre à la BIBLIO-

THÈQUE. Nationale qui le sauvera de l'oubli, sinon de l'indifférence des générations nouvelles.

En 1866, les David-Prévot habitent à Neuilly-sur-Seine. Ils en seront chassés, quatre ans après, par l'invasion allemande, et transporteront leurs pénates rue des Prouvaires, 31. David est toujours l'*alter ego* de Dubuisson et de Dumont. Pendant les deux sièges, il imprime les grands quotidiens où s'étalent les doctrines les plus avancées. Sous la Commune, Delescluze et Vermorel, Rochefort et Pyat, Cournet et Varlin sont venus journellement s'accouder là, face au prote à l'aspect sévère, à l'œil pensif, au conseil sûr : la Démocratie parle par ses lèvres, mais elle n'est sans doute pas assez éloquente. Quoi qu'on en dise, les raisons du cœur, si elles sont souvent les meilleures, ne sont pas toujours les plus convaincantes.

Après le sombre défilé de l'armée d'invasion, David vit la bataille des rues entre fils de la même patrie, et les atrocités sans nombre qui déshonorent le nom d'homme ! Son cœur s'ulcérait; le travail le consolait.

En 1873, lui et les siens repassèrent le pont des fortifications et reprirent le logis d'avant les catastrophes, à Neuilly. Puis, la mort vindicative, craignant qu'enfin cet homme de devoir, de dignité, de cœur et d'amour réussît à goûter quelque bonheur et pût entrevoir l'heure où, par des productions remarquables, il pourrait réussir et faire surgir son nom de l'ombre douteuse où il tremblotait, comme une lumière fa-

H. GAUTIER

lote d'homme d'équipe sous un tunnel, elle
le terrassa. Ses camarades d'atelier le
rapportèrent, aux siens éplorés, frappé de
paralysie. La mort n'avait pas été fou-
droyante, elle fut plutôt cruelle, jouant
avec sa victime comme le chat avec la
souris. Enfin, sa patte osseuse l'agrippa
et l'étouffa, en juin 1874.

Il avait cinquante-deux ans (1).

Combien il serait injuste, après cette
courte biographie de N. David, de passer
sous silence l'existence plus modeste mais
non moins remplie de cet autre excellent
citoyen, dont le rôle à la BIBLIOTHÈQUE NA-
TIONALE fut si remarquable et productif :
Henri Gautier !

Gautier était né à Paris, d'un père typographe, qui lui enseigna sa profession,
ainsi qu'à son frère Victor. Elève de l'é-
cole primaire, il eut à compléter, au cours
d'adultes et par l'étude chez soi, le bagage
sommaire d'instruction qu'il avait acquis
là. Il était amoureux des livres et du théâtre ; on le vit s'exercer à des petits rôles
classiques sur des scènes d'amateurs, fon-
dées par des typographes.

Toute sa vie, Henri Gautier fut un tra-

---

(1) Aux amis de la BIBLIOTHÈQUE NATIONALE,
nous ferons connaître sous peu, dans une
autre publication, les moindres détails de cette
vie si remplie, si utile, si unie dans le devoir
et le dévouement aux hommes et aux idées
de la Démocratie !

vailleur infatigable, soutenu par une nature impétueuse et enthousiaste, aimant à la fois la vie large et l'étude. Il était, à l'époque de son mariage, en 1830, metteur en pages chez Dubuisson, et il avait profité de sa situation dans cette maison pour lancer une feuille littéraire, qu'il composait et imprimait avec le concours de sa jeune femme, très lettrée. Naïvement, l'essai avait été tenté ; simplement, il fut abandonné, après vérification sincère des résultats.

Ce jeune couple se créait peu à peu un intérieur charmant, bercé par le rêve de la vie à la campagne et l'amour des horizons champêtres. Fatigué du bruit de Paris, les poumons affamés d'un air pur, Gautier fuyait le dimanche à la campagne, avec sa douce colombe : tous deux se plaisaient à visiter les sites délicieux qui font à la capitale une ceinture verdoyante d'oasis : Clamart, Chaville, Saint-Cloud, Meudon et cent autres coins charmants. Bellevue leur plaisait souverainement : au moyen de quelques économies amassées lentement par la fée du foyer, ils firent l'acquisition d'un immeuble modeste, mais assez vaste, entouré d'un grand jardin, et vinrent s'y fixer à demeure.

De très bonne heure, tous les matins, Gautier quittait Bellevue pour rejoindre, à Sèvres, la patache qui le déposait rue Coq-Héron, 5. Le soir, il revenait à la maison par le même moyen de locomotion.

C'est en ce paisible asile que mûrit, en son cerveau meublé de rêves généreux, l'idée féconde d'où surgit la BIBLIOTHÈQUE NATIONALE.

Ainsi que David, et au même titre, Gautier déplorait la misère intellectuelle des masses prolétariennes. Il souffrait, ainsi que l'écrivit plus tard sa fille, devenue Mme Caron, institutrice (1) — il souffrait « de cette sorte d'injustice du sort qui refusait aux ouvriers, non-seulement les plaisirs du luxe, mais ceux, plus nobles, de l'esprit ; il regrettait de voir ignorer, parmi ceux de sa condition, les œuvres de nos grands écrivains qui développent et élèvent l'âme. Cependant il avait observé, dans la classe ouvrière, de grandes qualités d'intelligence que la lecture aurait pu fortifier prodigieusement. »

On a vu ce qu'il advint de cette similitude de sentiments et d'idées entre David et Gautier. Bellevue devint pour les ouvriers-associés, un centre de travail et de récréation intellectuelle. Gautier fréquentait les boîtes à bouquins des quais, et, dans sa bibliothèque bien garnie de trouvailles heureuses, ses collaborateurs, David le premier, venaient à la recherche du document précis sur les œuvres et les auteurs à publier. Il intéressait sa meilleure collaboratrice, sa fille, à leurs travaux communs : il s'agissait, soit de lire à haute voix les

______

(1) Les trois filles de Mme Caron et son gendre, M. Martin, actuellement à Pontoise, sont dans l'enseignement publi

passages choisis des chefs-d'œuvre de la littérature mondiale, soit de faire les coupures nécessaires sans porter dommage à l'ensemble de l'œuvre, soit encore de préparer des notes sur la vie et les ouvrages des grands auteurs, dont David et les autres préfaciers n'avaient plus qu'à résumer la synthèse.

A l'*Ecole Mutuelle*, H. Gautier fut aussi l'un des ouvriers les plus ardents de cette œuvre d'éducation populaire. Pour la plupart des ouvrages de cette collection, on choisissait les meilleurs extraits de *cours* rédigés par des professeurs ; on les reliait ensuite entre eux par un mot ou une ou plusieurs phrases.

La guerre de 1870-71 exerça ses ravages à Bellevue comme ailleurs : les Prussiens occupèrent l'asile tutélaire où le bonheur des Gautier s'abritait. Il fallut fuir et s'enfoncer dans Paris assiégé.

Lorsqu'après l'armistice, la vie reprit son cours normal, on revint à Bellevue : le chef de famille se remit au labeur et se livra de nouveau à ses goûts d'enseignement public. Il eut, *seul*, l'idée de ce *Musée National*, créé de toutes pièces et édité par lui-même, sous forme de feuillets détachés pouvant se réunir en volumes. Ces sortes de *tracts* contenaient les courtes biographies de nos grands hommes de France, ornées de portraits gravés avec une réelle finesse de burin et beaucoup d'exactitude. On les distribua longtemps, en guise de récompense ou *bons points*, aux élèves des écoles primaires.

H. Gautier obtint, pour cette création toute personnelle et dont il avait assuré le succès par ses propres deniers, la médaille de bronze du Ministère de l'Instruction publique, en 1873.

Parmi les témoignages les plus honorables que le *Musée National* valut à son initiative, citons celui du vénérable Barthélemy-Saint-Hilaire :

« Vous avez parfaitement choisi les modèles à présenter à l'imitation des autres hommes, et tous ceux que vous faites entrer dans votre galerie sont dignes d'y figurer et d'être offerts en exemple. Je ferai seulement une remarque à propos de Descartes. Vous en faites surtout un grand mathématicien ; sans doute, il mérite ce beau titre, mais avant tout c'est un grand philosophe ; et l'on peut même dire, sans exagération, que c'est de beaucoup le plus grand des philosophes des temps modernes. Lui-même, dans son Discours de la Méthode, *met sa philosophie fort au-dessus des mathématiques, et il a raison : car, sans l'une, il n'aurait jamais pu pousser les autres au point où il l'a fait. »*

Assez corpulent, H. Gautier était, de plus, asthmatique : vers la fin de 1873, il dut garder la chambre qu'il ne quitta plus avant sa fin prématurée, survenue en mars 1875, par suite de paralysie et de congestion cérébrale.

Jusqu'à cette date fatale, il ne cessa d'étudier et d'écrire, avec ce souci perpétuel de créer ou d'enfanter quelque autre œuvre d'utilité publique.

Comme N. David, son nom restera justement attaché à l'histoire de la Bibliothèque Nationale.

Et maintenant, la nef des ouvriers associés vogue à pleines voiles sur l'océan des succès, guidée par un pilote sûr, montée par un équipage dévoué, se dirigeant à travers les récifs de la jalousie, de l'amitié trop zélée, de la critique malveillante et de la louange outrée. Par les violentes bourrasques, comme sous les calmes zéphirs, elle suit droit la route tracée, évitant les écueils, se faisant toute petite devant les rudes grains de mer. La route est connue, le navire solide : on atterrit et l'on repart, où et quand l'on veut...

Les coquets in-16 bleu de France pénétraient partout, dans les villages les plus reculés comme au cœur des cités les plus peuplées, semant les graines sélectionnées du libéralisme et du patriotisme, attirant les regards étonnés sur le trésor de notre littérature, longtemps caché aux masses populaires. En rappelant encore que les générations surgies de 1859 à nos jours ont vécu intellectuellement et en majeure partie de cette pâture fournie par la Bibliothèque Nationale, on ne s'écarte pas de la vérité, on ne fait que lui rendre un nouvel hommage. Toute une population participa à ce festin sans apprêt ni décor, abondamment fourni de nourritures succulentes et saines. Au point de vue économie sociale, on assista à ce fait remarquable : en quel-

ques mois, un groupe d'ouvriers typographes, individualités modestes et sans mandat officiel, dépourvues de toute puissance
morale ou financière, soutenues uniquement par un louable sentiment de solidarité et aussi par quelque compréhen-
sion du bien public, venaient d'accomplir,
en librairie, une révolution absolument
identique à celle qui bouleversa la Presse
sous les efforts d'Em. de Girardin.

Le Conseil de direction de la Société Ouvrière avait eu la main heureuse en con-
fiant à David le soin d'établir et de conserver un contact permanent entre le public
et les éditeurs de la Collection au moyen
d' « avertissements au lecteur, biographies,
notes bibliographiques et préfaces ».

Par la suite et pour le bien commun,
on lui adjoignit des collaborateurs d'un
talent éprouvé, d'une réputation déjà soutenue. Parmi les premiers et les plus dé-
voués de ces autres *Compagnons du Devoir*, que David sut attirer à ses côtés, citons Hippolyte Tampucci (1), Victor Poupin, Auguste Vermorel et Prévost-Paradol.

La Ligue de l'Enseignement avait, à ses
débuts, ouvert les portes de ses bibliothèques à la collection, et Jean Macé fut un

______

(1) Tampucci avait été rédacteur du journal
rémois, le *Grappilleur*, vers 1832. Ce fut une
éternelle victime des lois sur la Presse.

En tête des *Maximes d'Epictète* (n° 44 de la
collection) se trouve sa magistrale préface :
« *Coup d'œil sur la Philosophie des Grecs.* »

des protagonistes les plus ardents de cette œuvre utile.

Le Gouvernement lui-même se préoccupa d'utiliser les services de la BIBLIOTHÈQUE NATIONALE. En 1866, M. Charles Robin, président de la commission des Bibliothèques scolaires, demandait à ses administrateurs de réserver à l'Etat la remise de librairie usitée. C'était laisser espérer une importante commande qui ne se fit pas attendre.

En même temps que la prospérité de l'œuvre allait s'accroissant, les services de l'imprimerie Dubuisson prenaient une plus grande extension. Cet établissement regorgea soudain de travaux pressants. De nouveaux journaux, créés par l'infatigable et persévérant Dumont, accaparaient les presses et le personnel, surtout depuis que l'*Opinion Nationale*, à la suite d'une polémique soutenue et intéressante entre Adolphe Guéroult et Emile de Girardin, au sujet du libre-échange, avait vu son tirage augmenter d'une façon fabuleuse et atteindre un chiffre inusité jusqu'alors : il fallut, à un moment donné, doubler quotidiennement le tirage de ce journal. Or, en ces temps, le clichage rapide était ignoré et les presses tiraient beaucoup moins d'exemplaires à l'heure que de nos jours. Cet encombrement de travaux entraînait fatalement une certaine négligence dans le service de la BIBLIOTHÈQUE NATIONALE et il fallut se résoudre à une séparation douloureuse. On prit ses dispositions pour créer une imprimerie spéciale pour les Ouvriers-Associés et leur œuvre ; mais l'heure de cette transformation n'était pas encore sonnée.

En attendant, le déménagement commença par la librairie. Le 12 avril 1867, Henri Gautier et Nicolas David, mandataires de l'Association, contractaient un bail à loyer avec Jean-Florentin Ruzé, entrepreneur de maçonnerie, rue de la Glacière, à Paris, pour un petit appartement avec boutique en façade, au rez-de-chaussée, rue Baillif, n° 1, moyennant quatorze cents francs par an et pour une période de cinq années consécutives. Les frais d'exploitation du nouvel établissement ne furent pas grands : la boutique était peu profonde, et pour tout personnel, on n'avait qu'un comptable et un garçon de magasin.

A dater de ce moment, l'imprimerie Dubuisson et la BIBLIOTHÈQUE NATIONALE cessent d'être en rapports. L'impression des volumes se fait chez les frères Rouge, rue du Four-Saint-Germain, 42.

Un an plus tard, nouvel exode. Les administrateurs confient le travail de l'impression à une association ouvrière typographique, installée au n° 11 de la rue Cadet, sous la firme : *Imprimerie Nouvelle*.

Les services de la librairie fonctionnèrent pendant six ans dans la rue Baillif, jusqu'au moment où l'immeuble qui les abritait fut abattu, vers 1873, pour être remplacé par une maison de rapport. On les transporta non loin de là, rue Vivienne. Puis, en 1895, ils furent installés, d'une façon qui paraît définitive, sous le passage Montesquieu, au n° 5.

La presse parisienne s'était, presque dès le début, montrée favorable à l'entreprise des Ouvriers-Associés : elle lui accorda, dans ses colonnes, une hospitalité généreuse et gratuite, en échange de la coutumière remise d'un certain nombre de volumes à la rédaction et aux services de la critique. Ingénieusement, les protes et metteurs en pages s'arrangeaient pour que des *blancs* subsistassent dans le corps du journal, qu'on garnissait alors d'une réclame bien sentie et en caractères frappant l'œil.

Quant aux directeurs de journaux, certains d'entre eux prêtèrent leur concours d'une façon extraordinaire. Jules Noriac, qui venait de prendre la direction de la *Petite Presse*, fit l'acquisition de 25.000 volumes de la collection pour être distribués en prime à ses abonnés. On n'aurait pu imaginer une réclame plus efficace et plus sûre !

Alexandre Dumas le père, eut une autre façon originale de se rendre utile à ces braves gens : il prit l'initiative d'une conférence populaire où il développerait, lui-même, les mérites de cette publication et insisterait sur la nécessité urgente d'en répandre les petits volumes au milieu du peuple des faubourgs parisiens, qui constituait pourtant le meilleur de sa clientèle personnelle. Et, comme un vulgaire camelot qui fait goûter ou apprécier sa marchandise, il en fit distribuer trois cents exemplaires à titre d'échantillons parmi ses auditeurs. Le procédé n'était pas banal et bien digne de notre grand romancier de cape et d'épée !

Auguste Vermorel, qui venait de reprendre le *Courrier Français*, fut le plus généreux de tous. Il fit mieux que de propager les volumes de la collection : il en écrivit lui-même à titre purement gracieux et enrichit le trésor de la Bibliothèque Nationale d'une des œuvres les plus dignes d'être mises entre les mains d'un peuple intelligent et désireux de s'instruire des grands faits et des grands hommes de son histoire. Il donna, aux Ouvriers-Associés, le manuscrit des cinq volumes qui concernent *Mirabeau, sa vie, ses opinions, ses discours.*

C'est, à la même heure, George Sand qui écrit :

« Je vous remercie de cette ingénieuse et utile petite bibliothèque dont vous m'envoyez le commencement. Je m'empresse de m'y abonner et je voudrais bien avoir, quelque jour, la liberté de vous aider. Mais pour quelques années, je n'ai rien à moi et mes livres sont le privilège de mes éditeurs, aussi bien les anciens ouvrages que les nouveaux ; c'est avec eux qu'il faudrait pouvoir vous entendre, et j'ignore si ce serait possible.

« Soyez sûrs que, par tous les moyens en

*mon pouvoir, j'aiderai du moins vos géné-
reux efforts pour répandre l'instruction,
et votre bibliothèque est un des bons
moyens à employer.* »

Laurent-Pichat, dès les débuts, avait of-
fert son concours.

« *Je suis le collaborateur des gens de
bonne volonté, déclare-t-il, et on ne me
dérange jamais. Si le moment arrive où
mon assistance vous deviendrait utile,
comptez sur moi et adressez-vous à moi
sans scrupule.* »

Alphonse Karr, lui-même, est enthou-
siasmé, et si la BIBLIOTHÈQUE NATIONALE ouvre ses portes aux modernes, il offrira ce
qu'il juge le plus digne de cet honneur. Il
écrit aux administrateurs :

« *Je suis profondément touché et reconnaissant de la sympathie que votre lettre
me témoigne, et je serais très heureux
d'être pour quelque chose dans l'œuvre
que vous poursuivez courageusement. Là
est la vérité, — là est le bon sens, — là
est le salut, — pas pour nous, peut-être,
mais pour les générations qui s'élèvent et
qui devront, — espérons-en la consola-
tion ! — à nos malheurs et à nos conseils,
des chances probables d'un état plus heureux. Parmi les ouvrages que j'ai publiés,
il en est deux seulement que je juge dignes
d'entrer dans votre* BIBLIOTHÈQUE NATIO-
NALE. *Aussitôt qu'ils seront libres, je vous
les livrerai. En attendant, je rassemblerai,
cet été, un petit volume de fragments
épars, sur lesquels mes éditeurs n'ont pas,*

dès à présent, droit de veto, et je les offri-
rai à l'œuvre. » (Nice, mai 64.)

A son tour, Prévost-Paradol entrait dans
la lice, et non moins généreux, écrivait,
pour la deuxième édition des *Voyages de
Gulliver*, une préface qui est un véritable
bijou de verve littéraire et d'érudition. L'illustre écrivain venait, précisément, d'être
honoré d'un siège à l'Académie Française,
et un tel patronage ne pouvait qu'être favorable à la BIBLIOTHÈQUE NATIONALE.

A une nouvelle et pressante demande de
collaboration, pour la publication du *Discours sur la serviture volontaire*, Prévost-
Paradol répond généreusement :

« *J'ai, en effet, écrit deux articles sur La
Boétie ; un seul a paru dans le Journal
des Débats. Mais je tiens les deux à votre
disposition, car j'ai l'épreuve du second.
Je n'ai aucune objection à les voir joindre
à votre édition de La Boétie. Je vous serai,
au contraire, reconnaissant de l'honneur
que vous m'offrez de servir d'introduction
à ce noble ouvrage.* »

Des écrivains, au nom plus modeste, vinrent grossir la phalange des *hérauts* qui
précédaient le cortège des illustrations de
la BIBLIOTHÈQUE NATIONALE : Eugène Des-
pois (1), Marc Dufraisse, E. de Pompéry (2).
Tous, à des titres divers, surent dire ce

____

(1) Né à Paris, le 25 décembre 1818, mort le
23 septembre 1876.

(2) Edouard de Pompéry, né à Couvrelle
(Aisne), en 1812.

A publié surtout des œuvres philosophi-

qu'il fallait dire, et leur concours fut précieux autant que désintéressé.

Les étrangers s'intéressaient à cette œuvre populaire et s'en enthousiasmaient.

Un Anglais écrivait, de Tours, au libraire-associé Marpon :

« Votre papier et le format sont excellents : rien de meilleur marché en Angleterre ! C'est une grande grâce pour les pauvres que de trouver les classiques ainsi à leur portée. Ayez la bonté d'envoyer les livres indiqués ci-dessous aux malades du bataillon d'infanterie en garnison ici. Je serais bien aise d'être assez riche pour donner de bons livres à tout le bataillon. Si Sainte-Beuve écrivait un mot pour ces pauvres gens si intelligents et si négligés, il ferait une bonne œuvre. L'Opinion Nationale a raison de répéter que la Liberté, comme le Devoir, est chose personnelle, et qu'il est absurde de demander des miracles aux gouvernements, tandis que soi-même on s'asseoit les bras croisés. Nous autres, Anglais, quand nous voulons une chose, nous suivons le précepte de votre fabuliste : « Aide-toi ! le Ciel t'aidera. » Homme, femme ou enfant, chacun dans sa sphère, met l'épaule aux roues. Il faut agir ! Ne fût-ce qu'un caillou ou un grain de sable, chaque citoyen doit apporter quelque chose à l'édifice commun ! »

---

ques : *Le vrai Voltaire* (1878), *La Morale naturelle et la Religion de l'Humanité* (1890), et *Un coin de la Bretagne pendant la Révolution*, correspondance de Mme Audouin de Pompéry et de son cousin Bernardin de Saint-Pierre.

Par ce texte, on se convaincra que les encouragements officiels faisaient plutôt défaut à l'œuvre. Pourtant, lors de l'Exposition Universelle, en 1867, elle avait obtenu une mention honorable qui devait attirer sur elle l'attention des Corps savants.

Ces manifestations demeurèrent stériles parce qu'insuffisamment renouvelées, et depuis cette époque, le silence le plus officiel a entouré les faits et gestes de nos Ouvriers-Associés qui, au surplus, vu le succès qu'ils obtenaient dans la plus parfaite indépendance, par le seul mérite de leurs travaux, se privèrent fort bien, sans toutefois en marquer le moindre mépris ni dédain, de toute distinction tombée des hauteurs du Pouvoir en France, quel qu'il fût, jusqu'à ce jour.

Nicolas David attacha son nom à la plupart des meilleurs ouvrages de la Collection. Ses préférences se portèrent, comme juste, vers les philosophes et les écrivains aux conceptions les plus libérales et à l'esprit le plus caustique, dont Voltaire et Diderot sont assurément les types les plus évidents. La tendance de ses propres opinions se reflétait dans ses choix et il assura à ces rééditions de nos grands prosateurs et lyriques cette ferme sincérité, cette sûreté d'exactitude qui s'oppose à toute velléité d'étranglement de la pensée originale de l'auteur sous la déformation ou l'ablation des textes. David n'hésita pas à introduire dans les ouvrages remis au jour certaines parties d'œuvres que les Fulbert de la critique avaient précédemment torturés ou détruits : ce n'est certes pas le moindre de ses mérites. En ce genre de préoccupations, on lui doit notamment la réintégration de la *Scène du Pauvre* dans le *Don Juan* de Molière, que d'ignominieux éditeurs avaient sournoisement élaguée.

Les premiers volumes édités s'étaient recommandés d'eux-mêmes à la faveur du public par leur valeur intrinsèque et les noms de leurs auteurs. Voltaire avait ouvert le défilé avec son *Histoire de Charles XII*, en deux volumes. Ce patronage si français avait le mérite exceptionnel et opportun de préciser la pensée intime des fondateurs de l'œuvre. Nul, adversaire ou ami, ne s'y trompa. Si cette collection devait vivre, durer ou s'agrandir, elle serait un monument élevé à la pensée libre, à la tolérance et à la maîtrise universelle de notre langue. Elle a vécu, duré et satisfait aux espoirs conçus alors !

Aussitôt après le connétable des Lettres françaises apparurent, en un ordre éclectique, ses pairs et ses disciples, l'un comme l'autre ayant voix à la tribune de la République des Lettres. La France présenta ses héros et David, avec ses collègues, n'eurent que l'embarras de la classification. Montesquieu et Diderot s'avancèrent à l'ordre, aux premiers rangs, et comme, en notre pays, l'hospitalité est vertu nationale, les gloires anglaises des XVIIe et XVIIIe siècles et celles de la Rome antique furent accueillies avec vénération.

En faisant place, dans le cortège de ses chefs-d'œuvre, aux maîtres de la Littéra-

ture étrangère, la BIBLIOTHÈQUE NATIONALE
ne faillit pas à son titre : elle était nationale en ce sens qu'elle ouvrait ses portes
et vidait ses rayons pour nos nationaux,
afin que leur cerveau s'enrichît des plus
belles formes de la pensée mondiale. En un
mot, nationale et non pas spécialement
française, voilà ce qu'est cette Bibliothèque.

David se chargea au surplus de répondre
vertement aux détracteurs hypocrites qui
l'accusaient d'internationalisme :

« Cette publication de la BIBLIOTHÈQUE NATIO-
NALE vivra, bien qu'elle ait été condamnée à
son berceau par la fée malfaisante de la rou-
tine industrielle. Il s'est même rencontré des
esprits en paratonnerre pour pousser des ex-
clamations au moins surprenantes en voyant
figurer, dans une bibliothèque portant le mot
National inscrit sur son frontispice, le livre
de Swift. Nous ne sommes pas, heureusement,
de cette église de bonzes affolés qui passent
leur vie à contempler extatiquement leur nom-
bril, et il serait plus qu'étrange de voir livrer
à l'oubli les chefs-d'œuvre des littératures
étrangères sous prétexte que leurs auteurs
n'appartiennent pas à notre nation. La France
littéraire est assez forte pour donner, sans pé-
ril pour sa gloire, l'hospitalité aux écrivains
dont la renommée locale ne doit pas rester en-
fouie au-delà de nos frontières. Quand nous
revendiquons Molière avec orgueil, les étrangers disent que cet homme de génie n'est
point seulement notre compatriote, mais bien
le produit de tous les temps : ainsi en est-il
de Cervantès, du Tasse, de l'Arioste, Camoëns,
Milton, Dante, Schiller, Goëthe, Shakespeare,
et de toutes les étoiles du Ciel de l'Art, qui
sont devenues nôtres par droit de conquête ! »

C'était donner la formule exacte et personne ne revint plus sur cette observation. Swift et Suétone eurent donc l'honneur de précéder Xavier de Maistre, et, dans un ordre joliment varié, les chefs-d'œuvre succédèrent aux chefs-d'œuvre et les grands noms aux noms illustres, comme des grains de blé au moulin.

Les éditeurs n'en continuaient pas moins à recevoir une correspondance envahissante, où se heurtaient des opinions diverses sur le choix des auteurs, l'extension à donner au catalogue, les *desiderata* de toutes sortes, exprimés et discutés partout. Il fallut à David reprendre la plume pour régler définitivement la question des Notices bibliographiques ou des Préfaces.

« Il nous a été souvent demandé pourquoi nous ne donnions pas de notices biographiques sur les écrivains dont nous remettons les œuvres en lumière. Nous ne sommes point sans accorder raison, jusqu'à un certain point, à cette légitime curiosité, mais nous ne saurions faire de sa satisfaction une règle absolue. Trop souvent, l'exiguïté de notre format nous impose des entraves qui nous forcent à renoncer à toute espèce d'inutilité, à tout commentaire oiseux, à toute note insignifiante, sans valeur aucune, comme les multiplient, à la toise, les commentateurs et les pédants, sans véritable profit pour le lecteur. L'œuvre d'un grand maître trouve en elle-même l'aliment de toutes les curiosités, et les détails plus ou moins apocryphes que les biographes de profession prodiguent autour des illustres morts, ne nous paraissent pas de nature à tenir avantageusement la place qu'il vaut mieux, selon nous, conserver à leur génie. »

Cette règle établie, David s'y conforma et les détails oiseux furent absolument proscrits de sa prose : il les considérait à l'égal de cette *putrelle* des jardins qui étouffe les meilleures plantes. En mieux, il ne négligea point d'éclairer la portée morale des œuvres qu'il présentait au public, et, en d'ingénieux aperçus où se mélangent la sincérité et l'ardeur des convictions, il fait apparaître l'auteur avec ses qualités et ses défauts, ou dans sa perfection. Et comme les éditeurs de la BIBLIOTHÈQUE NATIONALE sont avant tout fils du peuple et serviteurs de la démocratie, c'est dans le sens démocratique et laïque que seront tracées les voies par où la pensée écrite arrivera au lecteur.

Par un certain nombre d'extraits de ces notices et préfaces dues à la plume de N. David, on appréciera l'esprit de la fondation et la forme sous laquelle l'organe attitré des Ouvriers-Associés soumet ses opinions et celles de ses camarades. En parlant de Xavier de Maistre, David écrit :

« Ce qui signale particulièrement ce conteur sans artifice, c'est la bonne foi de sa plume qui n'eut jamais besoin, pour intéresser ses lecteurs, de recourir aux inventions d'une imagination inquiète et déréglée. X. de Maistre a vu tout ce qu'il a raconté, et c'est en quoi il est infiniment supérieur à son œuvre... La véritable renommée de l'auteur restera attachée à ce *Voyage autour de ma chambre*, fantaisie à la Sterne, que nous remettons au jour, comme méritent d'y reparaître ces mille choses spirituelles qui reposent du génie, trop sou-

vent inaccessible à la moyenne des intelligences, laquelle a besoin d'une préparation gra-
duelle. »

De célèbres critiques littéraires ont pu,
antérieurement et postérieurement à David, envelopper leurs opinions sur les
hommes et les choses de fleurs de rhéto-
rique autrement colorées et précieuses,
mais aucun d'eux n'émit un jugement plus
juste, plus susceptible d'être ratifié par la
postérité, — et c'est là un bel éloge, en
même temps que justifié, à rendre à la
mémoire de ce modeste ouvrier des Lettres
françaises.

Le public fit bien voir, d'ailleurs, combien cet apparentement du biographe à
l'auteur même lui plaisait ; il prit goût à
ces réductions, à cette adaptation, à une
forme plus simple et plus près de lui, des
fameuses Causeries du Lundi de Sainte-
Beuve. Pour n'être point périodiques, les
Causeries de N. David n'en furent pas
moins estimées, et certaines d'entre elles
mériteraient la réimpression et l'honneur
d'une édition spéciale, notamment celles
qui accompagnèrent la publication des
Mémoires sur la Bastille de son concitoyen
Linguet, et son *Analyse de la Fin d'un
Monde et du Neveu de Rameau*, de Jules
Janin, dont on ne saurait trop recomman-
der la lecture à ceux qui ignorent cette
page de critique littéraire.

De cette remarquable étude, nous n'em-
prunterons ici que les lignes suivantes :

« Diderot, l'athlète puissant qui a pu, malgré les obstacles suscités devant lui, élever

le formidable monument encyclopédique jamais égalé de nos jours, avait fait deux parts de sa vie : la philosophie spéculative, accessible seulement aux esprits préparés à la goûter par une initiation supérieure, — puis, la philosophie terre-à-terre, celle qu'*il importait de faire comprendre au vulgaire*, fût-ce même à travers le voile trop transparent du roman licencieux ou les déclamations un peu lourdes du drame bourgeois. » (1)

L'Avertissement, placé en tête du *Don Juan* de Molière, serait à citer en entier : David s'y indigne et s'exaspère contre la haineuse vindicte qui s'attacha, dès son apparition sur la scène française, à l'une des plus belles et humaines œuvres du poète :

« Ce fut sur *Don Juan* que s'essayèrent les ennemis de Molière et, dès la seconde représentation, les scènes étaient modifiées, retranchées à ce point que l'auteur refusa de laisser imprimer une œuvre aussi tronquée et devenue indigne de la publicité. »

David conte comment, avec l'assentiment de ses collègues, il fut décidé qu'on rétablirait le texte dans son intégrité, après avoir, au cours de ses recherches, « vu d'étranges choses ».

« Nous avons bondi d'horreur devant le spectacle des mutilations, des variantes sans nombre dont les comédies de Molière ont été tour à tour le triste objet. Dans certaine édition de 1816, les falsifications les plus audacieuses s'étalent effrontément, sans contrôle, sans correctif, sans explication d'aucune sorte ! »

---

(1) Tome 4 de la Collection.

Avec *Paradoxe sur le Comédien*, David retrouve son Diderot, l'élu de son cerveau, le philosophe, l'écrivain, le critique, le patriote en lequel il analyse les caractéristiques les plus frappantes de son propre tempérament.

« A nos yeux, la personnalité de Denis Diderot est la plus française, la plus humaine qui se détache de tout le XVIIIᵉ siècle, et nous éprouvons la plus vive sympathie pour ce noble athlète de toutes les bonnes et grandes causes... Souvenons-nous que Diderot a préparé la vie à l'affranchissement de la pensée humaine, et donnons sans marchander notre reconnaissance, ce salaire si légitimement dû, au fils du coutelier de Langres ».

L'esprit frondeur, au style limpide, à la phrase aussi rapide que la pensée créatrice, coupante comme une lame de rasoir, nette et sans bavures comme une matrice pour la frappe des monnaies, cet esprit frondeur, qui blesse parfois sans guérir, démolit sans souci de reconstruire est bien dans le sang et les nerfs de David, et c'est pour ces motifs qu'il se place derrière les grandes ombres de Voltaire, Diderot, Linguet, Beaumarchais, Chamfort !

Le *Contrat social*, le *Prince*, le *Diable amoureux*, et Boileau avec son *Lutrin*, Pascal avec ses *Pensées*, sont touchés par une plume alerte et exercée, au service d'un esprit nourri de la moëlle des classiques.

L'Avertissement aux *Aventures de Télémaque* est un prétexte opportun pour une causerie intime avec les lecteurs, une explication amicale de producteur à consommateur, de marchand à client, concernant les conditions où se présente la publication.

« Il s'est produit, en différentes circonstances, autour de notre modeste publication, un
certain mouvement d'impatiences parmi lesquelles la sympathie ne jouait pas toujours le
premier rôle. Lorsque nous débutâmes dans la
carrière d'éditeurs, nous dûmes ous tracer à
la fois un programme et un but : le but était
de répandre les meilleures œuvres de tous les
siècles littéraires qui étaient à un prix inabordable dans les conditions ordinaires de la
spéculation ; le programme, nous le fîmes
aussi large que possible en annonçant le plus
grand nombre des écrits que nous nous proposions de remettre au jour. On y voyait, confondus dans ce beau désordre qui est un effet de
l'art, les ouvrages les plus disparates d'allures et de tendance. Les sceptiques y coudoyaient les croyants, la grave antiquité y
frôlait le spirituel et léger XVIII° **siècle** ; nous
avions même tenté d'y faire figurer des auteurs contemporains, espérant par là donner
satisfaction à tous les appétits littéraires.
Pendant que nous affirmions notre existence,
à côté des puissants encouragements de
la presse française, qui ne nous ont jamais fait
défaut, les réclamations d'innombrables correspondants pleuvaient autour de nous : les
uns voulaient *ceci*, exigeaient *cela* ; d'autres
gourmandaient, conseillaient, harcelaient, injuriaient. Nous apprenions à nos dépens combien il est difficile de contenter tout le monde
et son père. Il nous arriva parfois une grêle
d'injures qui n'eurent point de prise sur nous,
car nous sommes de ceux qui savent attendre,
et les roquets de la soi-disant presse religieuse
qui ont lancé sur les livres publiés par nous

leur impure salive, ont disparu de la scène du journalisme sans que leur vermineuse malveillance ait pu nous causer le moindre dommage. Nous n'avons donc pas à nous justifier d'avoir jusqu'ici donné la préférence aux œuvres qui se recommandaient, non seulement par des qualités littéraires hors conteste, mais qui pouvaient en même temps aider à former des citoyens et des hommes. »

Et plus loin :

« On nous reproche avec une insigne mauvaise foi, de n'avoir pas trouvé comme d'assez bonne maison les grands écrivains du XVIIIe siècle. Après tant de gages donnés aux lettres françaises, nous ne nous disculperons pas d'une tendance qui n'est pas nôtre, mais nous choisirons, parmi les écrivains du siècle de Louis XIV, ceux dont les écrits pourront concourir au résultat que le succès persistant de notre collection permet d'entrevoir. Fénelon, la plus noble figure, la plus éclatante personnalité du grand siècle, est de ceux-là. »

David fait alors de l'archevêque de Cambrai le plus bel éloge et le plus mérité :

« Jamais homme ne prit moins de souci de s'assurer une réputation parmi les écrivains de son époque : c'est la postérité qui s'est chargée de lui faire la part qu'il méritait: Fénelon s'éteignit le 7 janvier 1715, le laissant à sa mort ni argent ni dettes, mais entouré d'une auréole mêlée de grandeur et de simplicité qui brille entre toutes, au milieu des éblouissantes lumières du siècle de Louis XIV, ce despote de clinquant dont le rôle dans l'Histoire fut trop souvent celui de l'âne chargé de reliques, et qui ne sut ou ne voulut comprendre les sages conseils du précepteur du duc de Bourgogne, qu'il qualifiait de bel esprit chimérique et de sujet ingrat. »

.Chamfort avait séduit David surtout par ses *Caractères et anecdotes,* qu'il consi-dérait comme le véritable bréviaire du journaliste : aussi la bonne place dans la collection ne se fit pas attendre, au détri-ment d'écrivains plus remarquables, mais, écrit David :

« Certains illustres auteurs peuvent prendre patience sans préjudice pour leur renommée, tandis que les dieux de second ordre risque raient de rester longtemps plongés dans un oubli relatif dont il nous paraît juste de rele ver le plus spirituel diseur de bons mots qu'ait produit la fin du XVIIIᵉ siècle. En pu-bliant ces opuscules légers, que Chamfort re-cueillait sur d'infimes carrés de papier, et qu'il tenait lui-même en assez médiocre esti-me, nous rendons le service aux anecdotiers aux abois, habiles à démarquer à leur profit le linge littéraire de leurs devanciers, de re-garnir leur arsenal de pointes émoussées. »

L'esprit de ce Chamfort nous semble revivre merveilleusement dans ce passion-nant *Journal des Goncourt,* où la curiosité de ce nouveau siècle va puiser des traits divertissants ou scandaleux sur nos con-temporains d'hier. Comme Chamfort, les Goncourt ont eu « *le souci de la forme, l'élégance soutenue du style, la variété de l'imagination, les heureuses saillies de l'esprit français* » que David reconnaît au spirituel humoriste d'il y a cent ans. Ce bagage de qualités lui sembla suffisant pour justifier un tour de faveur.

Sur La Fontaine, les éditeurs de la Bi-bliothèque Nationale ont été sobres. Tant d'éloges avaient déjà paru que David n'aurait osé publier la dithyrambe qu'il avait au bout de sa plume en l'honneur de son illustre compatriote champenois, en reconnaissance du fameux distique par quoi débute le conte : *les Rémois.*

« Il n'est cité que je préfère à Reims,
C'est l'ornement et l'honneur de la France. »

Gageons que si David eût vécu, nous verrions aujourd'hui dans la collection un choix des œuvres délicieuses du chanoine Maucroix, qui était à Reims l'hôte et le conseiller du fabuliste.

Le sublime Corneille est adoré dans un agenouillement aux pieds du génie. David, comme son divin homonyme le Roi hébreu, a pris son luth et c'est avec un lyrisme vengeur qu'il rend hommage au tragique français. Citons la péroraison de son hymne :

« O Cid ! ô Horace ! ô Cinna ! ô Polyeucte ! sources fécondes où s'abreuvent éternellement les esprits amoureux de tout ce qui élève le cœur de l'homme, apparaissez sans voiles dans votre éclat radieux et apprenez à penser, à admirer les grandes choses aux infortunés contemporains des Trissotins d'égout, des Vadius de sacristie et des Bérénices de théâtres de vaudeville, qui tiennent attaché à leur chevelure et à leur querelle le fameux *tout Paris* qui a succédé aux *sept cents* honnêtes gens pour lesquels, suivant Grimm, écrivait exclusivement le XVIIIe siècle tout entier, qui ne prévoyait guère qu'un jour viendrait où le banquet de l'intelligence serait ouvert aux humbles de ce monde, devenus dignes de comprendre la langue du génie, de l'honneur, du patriotisme et de la raison. »

On voit que tout en faisant la part belle à Corneille et en associant à son hommage les fidèles de la Collection, David n'avait garde de laisser tomber son fouet, — son fouet à la Gonzalle (1) — et, en lisant les lignes ci-dessus, il nous revient en mémoire quelques vers de l'Epitre à Pierre Dubois : *Un regard en arrière*, laquelle date de 1850.

« *...Du jour où ma main s'empara d'une*
[*plume,*
Je me dis : « Il vaut mieux être marteau
[*qu'enclume ! »*
Je me fis aussitôt grand redresseur de torts.
Je fouaillai les vivants et respectai les morts. »

A Descartes, N. David rend témoignage qu'il lui fallut à la fois du courage et du génie pour enseigner aux hommes les moyens pratiques de parvenir à la découverte de la vérité ; on apprend de l'auteur des *Passions de l'Ame* à douter, c'est-à-dire à se détacher des sens, à se défier des idées préconçues, à suspendre son jugement, à n'admettre que ce qui porte le caractère de l'évidence par une chaîne ininterrompue de conséquences basées sur l'art du raisonnement, le talent d'analyser les idées, d'en créer de nouvelles.

Pourrait-on en moins de lignes, porter un jugement plus juste, tracer d'un style

____

(1) Poète rémois, satiriste virulent, qu'il vénéra comme « *son maître* ».

plus clair l'exacte description des formes
sous lesquelles se manifesta le génie d'un
des philosophes qui honorent le plus la
France et l'Humanité ?

C'est après quatre ans seulement d'une
suite ininterrompue de publications triom-
phantes que la collection put s'annexer
l'*Enfer*, du Dante. Les éditeurs avaient
apprécié combien leur méthode de classe-
ment des œuvres, indépendante de tout
système chronologique, se trouvait justifiée
par le succès, et se rendre compte de la
valeur des écrits remis au jour. L'œuvre
du Dante est saluée et présentée au lecteur avec un sens exact des réalités. Li-
sons ces lignes remplies de bon sens et
d'à-propos, au sujet de la biographie du
poète florentin :

« Un moment, nous avons songé à mettre de
côté les travaux déjà faits et à laisser à des
littérateurs contemporains le soin de présenter Dante à notre sympathique public. Il nous
a fallu renoncer à ce projet quand, par trois
fois, nous nous sommes trouvé en face d'un
débordement de détails biographiques, de
commentaires et de scolies qui ont donné trop
de développements à la fantaisie personnelle
sans réussir à rehausser la gloire du poète
C'est le tort des époques où l'imagination n'a
plus que de trop rares représentants de donner à la critique une part prépondérante, et
l'on arrive ainsi à l'obscurité, sous prétexte
de clarté, dans les questions littéraires. »

Après avoir rassemblé en sa notice des
fragments provenant d'amis ou d'ennemis,
de Rivarol, de Moréri, de Feller et autres, David ajoute :

« Et maintenant que nous avons à peu près rempli notre humble emploi d'introducteur, glissons ici une théorie personnelle à propos des traductions des poètes. A notre avis, les vers ne peuvent être traduits honorablement que par des vers. Si Antony Deschamps a réussi à donner le tour de la poétique française à vingt chants choisis dans la *Divine Comédie*, n'est-il pas permis d'espérer qu'il surgira des bataillons valeureux de notre jeunesse littéraire, une recrue pleine d'ardeur qui donnera toute son âme à compléter l'inachevé à ce jour ? L'amour du Beau et du Grand est-il donc assez perdu pour que cet espoir ne soit jamais réalisé dans un pays qui a produit les Hugo, les Musset, les Th. Gautier, les Barbier et les Brizeux ? Allons ! jeunesse, *sursum corda*. Le cœur de la patrie ne vibre pas seulement sous l'action des jouissances matérielles et des triomphes de l'industrie. Non ! non ! la poésie ne saurait mourir sans lutter Il se rencontrera un jour quelque Epiménide inspiré qui, dans son sommeil réparateur, puisera les forces nécessaires pour tenter encore l'œuvre délicate, difficile peut-être, non impossible, de faire revivre les poètes du passé, avec toutes les grâces, toutes les harmonies qui resplendissent dans leurs vers éternels ! »

Pour ceux, et ils sont nombreux en France, qui aiment à voir marcher bras dessus bras dessous le courage civique et l'esprit, la Bibliothèque Nationale publia les deux plus remarquables comédies du xviiie siècle : le *Barbier de Séville* et le *Mariage de Figaro*. Beaumarchais bénéficiait à son tour des honneurs de la collection populaire. Les *Mémoires* de l'illustre écrivain remirent en lumière, et à portée de tous, les enseignements pratiques de ce modèle des plaidoyers. David avait brossé un portrait exact et sans exagération des tonalités de cette existence si agitée, vécue avec une verve et une vaillance dignes de ce fils des Gaulois ; son étude sur le bagage littéraire de Beaumarchais est une des plus substantielles qui aient été faites.

On hésita longtemps avant d'ouvrir la Collection à *Paul et Virginie*. David indique ses justes raisons dans une étude où il condense les travaux des biographes de Bernardin de Saint-Pierre :

« Nous ne refuserons jamais l'hospitalité aux œuvres qui ont eu leur heure de gloire et n'ont point mérité l'oubli, et dans ce nombre se place au premier rang ce gracieux récit, cette fraîche idylle dont la forme littéraire sert de trait d'union entre les XVIIIe et XIXe siècles, et qui, procédant de Rousseau, servant de modèle à Chateaubriand, respire un parfum de romantisme singulièrement dépaysé dans les temps où elle se produisit (1788). »

Tant d'admiration pour l'œuvre ferait croire à quelque faiblesse sentimentale à l'égard de l'homme ; il n'en est rien, et David, qui n'aime et n'apprécie que les caractères d'une seule trempe, ne ménage pas sa verte critique à Bernardin de St-Pierre :

« Il est aisé de conclure, après examen de cette vie primitivement si accidentée, et finalement si terre-à-terre, que Bernardin, avec ses finasseries de Normand, son âpreté à la satisfaction de ses intérêts personnels, fut loin d'être le vieux colon du dialogue qu'on a tant admiré dans *Paul et Virginie*, ce sage philosophe que des apologistes complaisants ont feint de prendre pour sa personnification. Si l'on considère avec un œil d'artiste sa belle tête à longs cheveux blancs qui attire la sympathie à première vue, on y découvrira des plis suspects, un regard manquant de franchise, et l'on se dira que le sentimental amant de la nature doit être sans pitié dépouillé de son auréole. Il est de toute justice d'abstraire de ses œuvres un auteur de grand talent, il est vrai, mais qui n'a aucun droit à l'attendrissement de la postérité, cette redoutable justicière qui ne doit plus chercher en Bernardin de St-Pierre le bon vieillard de l'ancien opéra-comique français ou le vulgaire bénisseur du mélodrame moderne. »

Rabelais, le grand Rabelais, dont l'égal ni l'ombre ne se trouveraient nulle part et qui à lui seul ferait la gloire d'une nation, va prendre place à son tour dans la Collection, et il y entrera de plain-pied, avec tout son bagage « d'extravagances, de facéties de haute graisse, propositions malsonnantes aux oreilles orthodoxes, car nous n'avons pas, écrit David, à nous préoccuper de ces scrupules d'une peur sacro-sainte de la libre-pensée, maintenant hors de saison, et nous avons dû rétablir le texte intégralement. Nous aurons donc atteint, cette fois, notre objectif, c'est-à-dire la reproduction intégale des chefs-d'œuvre de toutes les écoles littéraires, mis à la portée de tous. » Préambule court mais suffisant, et qui convient à l'ensemble d'une telle œuvre.

Le théâtre léger, comique et représentatif de la fin du XVIIIᵉ siècle aura sa place marquée auprès des plus hautes manifestations de la pensée humaine, et David présentera à ses fidèles clients le joyeux et amusant Collin d'Harleville, dans ses pièces comiques du meilleur aloi, *Le Vieux Célibataire et M. de Crac dans son Castel.*

« En donnant accès dans notre Panthéon aux gloires littéraires de toutes les nations, en même temps qu'aux écrivains dits de second ordre qui ont honoré notre pays, nous avons pu établir un titre de comparaison entre les renommées hors ligne et incontestées et les renommées plus humbles que des succès momentanés avaient signalées à l'estime des lecteurs, — renommées peut-être passagères, mais que l'ingrat oubli ne devait pas à tout jamais ensevelir dans son décourageant linceul... Collin d'Harleville eut une vie modeste et calme, consacrée uniquement à l'étude. Il posséda les qualités qui constituent le poëte comique : la simplicité de l'action, la versification aisée, le soin des détails, un esprit tout français, un réel parfum d'honnêteté. Un pédant moderne, Bouillet, ajoute : Peu de génie. Eh ! messieurs les ergoteurs, le génie est-il donc denrée si commune sur la place littéraire, avant et après le charmant auteur du *Vieux Célibataire*, que vous lui jetiez si lestement votre facile anathème ? »

La BIBLIOTHÈQUE NATIONALE, en publiant *Hamlet* prévient ses lecteurs que ce drame sera suivi des autres joyaux de l'écrin de Shakespeare : *Roméo et Juliette, Othello,* etc...

« Nous égrènerons ce chapelet splendide, comme nous l'avons fait pour Molière. Dans cette popularisation des chefs-d'œuvre de toutes les littératures, celle de l'Angleterre ne pouvait être oubliée, surtout quand il s'agit du grand homme qui a jeté sur elle un incomparable éclat. »

En ce qui concerne Vauban, *le plus honnête homme du royaume*, comme le qualifie St-Simon, David n'aurait point laissé à d'autres le soin pieux de rendre au *Père du Peuple* l'hommage d'un homme du peuple. La *Dîme Royale* méritait d'être placée, dès l'origine, en tête d'une Collection destinée à l'édification de la Nation française. Ce « Rapport au Roi » est le cri d'alarme jeté par un patriote à l'heure où le patriotisme ne poussait encore ses racines qu'au fond de l'humus populaire, quand les classes privilégiées elles-mêmes ne possédaient qu'une notion imprécise de ce qui constitue réellement la Patrie.

Dans ce livre admirable, la véritable charte du Peuple, son premier cahier de doléances, Vauban osa prétendre que sous un Roi absolu, le souverain doit protection égale à tous ses sujets, que le travail est le principe de toute richesse, que l'impôt doit frapper, avec une égalité proportionnelle, les revenus de toute nature, que le menu peuple qu'on accable et qu'on méprise est le véritable soutien de l'Etat, et autres axiomes qu'il était dangereux de proclamer à l'époque. L'œuvre, d'ailleurs, fut mise au pilori, et l'auteur en exil ! Ainsi que le dit David, la *Dîme royale* sera, pour tous les lecteurs, un enseignement du plus haut intérêt. Ils feront connaissance avec un homme de génie qui fut « *un grand patriote, un vertueux citoyen, un des défenseurs les plus ardents du peuple* ».

En peu de lignes, N. David porte sur les œuvres de nos grands écrivains un jugement exact, les dépeint d'un trait juste, auquel la critique la mieux douée ne saurait rien reprendre. Des *Lettres Persanes*, il écrit : « C'est un ingénieux badinage à l'aide duquel Montesquieu essayait de fronder la société de son temps. » *Grandeur et Décadence des Romains* « est le tableau le plus saisissant des phases diverses par lesquelles peut passer une nation grande seulement par les armes, et la plus sévère des leçons pour les peuples qui seraient tentés d'imiter jusqu'au bout ceux qui furent les maîtres du monde. »

L'allusion à la France impériale est choisie et insérée d'une façon directe. Au surplus, David, en examinant le passé, s'exerce constamment à le comparer au présent, et à tirer de cette confrontation un bénéfice moral pour ses contemporains.

L'Esprit des Lois est jugé plus longuement et c'est une preuve de la puissance des idées émises dans cet ouvrage que la critique se croie obligé de s'y attacher plus âprement :

« Cet exposé de toutes les législations, malgré la hauteur de vues qu'on se plaît à y reconnaître et qui aboutit finalement à vouloir implanter sur le sol français le beau

idéal du gouvernement anglais, ne doit plus
être consulté que par des curieux d'érudition,
des assoiffés de recherches plus subtiles que
susceptibles d'application immédiate. Il y
perce suffisamment de cet esprit de corps qui
évoque trop souvent le souvenir de certaine
prééminence de *Robinocratie* dont la Révolution de 89 a fait table rase, pour que le livre
de Montesquieu aille rejoindre, sur les rayons
poudreux des bibliothèques, ses premiers ins-
pirateurs, Bodin, Puffendorf, Grotius, Barbey-
rac, et tant d'ergoteurs fameux. »

On pense bien qu'après cela, David n'en-
combrera pas la Collection de ce qui, à
son sens, n'est qu'une superfétation !

A la tête des chefs-d'œuvre de Paul-
Louis Courier, N. David place un Avertissement dans lequel, après avoir regretté
de ne pouvoir réimprimer en entier la remarquable étude d'Armand Carrel sur le
pamphlétaire de la Restauration, il en cite
d'intéressants extraits qui expliquent l'o-
rigine de la vocation de Courier :

« P. L. Courier se livrait aux douces joies du
mariage, mais voir la France deux fois envahie, pillée, insultée, mise à contribution, et tous
ces malheurs, toute cette honte ne tourner
d'abord qu'au profit d'une famille qui trouvait
le trône vide et s'y replaçait ; voir une poignée
d'émigrés, vagabonds et mendiants de la
veille, se donner l'orgueil et revendiquer inso-
lemment l'odieux de ces deux conquêtes ; voir
d'affreuses persécutions éclater dans la plus
paisible et, de tous temps, la moins révolutionnaire de nos provinces, contre quiconque
n'avait pas refusé un gîte et du pain à nos
tristes vaincus de Waterloo ; il n'y avait pas
d'animosité contre Bonaparte qui pût tenir à
un pareil spectacle ! »

On ne pouvait mieux préciser à nouveau le caractère essentiellement démocratique de la Collection. Les générations qui bénéficièrent de cette manne philosophique à portée de tous, ont donné la mesure des profits que la liberté et la démocratie en retirèrent. Une nouvelle poussée du même genre et dans les mêmes voies, par des moyens nullement plus compliqués, paraîtrait désirable de nos jours à bien des partisans et des défenseurs des principes d'où est issue la Révolution.

Aussi sévère pour les philosophes dévoyés que pour les rois surfaits, la plume de David s'aplatit sur la figure équivoque de d'Alembert, à propos de son arbre encyclopédique greffé sur celui de Bacon.

« Pourquoi cet enthousiasme et cette insistance en faveur d'une création qui nous paraît entachée d'une impardonnable puérilité ? Comment le philosophe ingénieux et profond a-t-il pu s'enliser sur cet écueil d'astrologue en délire ? D'Alembert obéissait sans doute au mot d'ordre de l'époque en étiquetant ainsi les plus minimes opérations de l'intelligence humaine et en leur assignant rigoureusement la place qu'elles devaient occuper. Tous les livres du XVIIIe siècle portent la trace de cet excès d'amour de la méthode en emprisonnant toutes les sciences, et l'Art lui-même, dans ces formules risibles qui donnent raison au mot de Lekain. Comme on reprochait à cet acteur d'élever le bras au-dessus de la tête, contrairement aux traditions de la scène : *« Qu'importe la tradition ! la passion en sait plus que les règles ! »* Malgré la prédilection du philosophe-géomètre pour cette science à tiroirs qu'il caressait si amoureusement, nous avons cru devoir nous dispenser de terminer en queue de poisson la *mulier formosa superne* dont l'éclatante beauté n'avait pas besoin de ce déplorable appendice. Les curieux de ces sortes de jouets philosophiques s'adresseront aux catacombes littéraires que sont les bibliothèques publiques, amplement pourvues de ces douteux trésors. »

Et la BIBLIOTHÈQUE NATIONALE, ménagère de son papier, ne recueille de l'œuvre de d'Alembert que la matière vivante et féconde de son *Discours préliminaire sur l'Encyclopédie*. Elle s'évitait ainsi de dénaturer le programme qui justifiait son existence.

Un seul essai fut tenté en faveur de la littérature contemporaine : en 1864, parut *Les Labourdière*, de Victor Poupin (1). Ce roman, étude de mœurs rurales consciencieusement fouillée, remplie de nobles sentiments conçus à l'école du devoir, modèle de littérature romanesque à répandre parmi les jeunes intelligences, ne retrouva pas la nombreuse clientèle qui s'attachait aux classiques. Les administrateurs s'en tinrent à cette expérience, et ils firent bien, car la compétition fût devenue atroce, et des inimitiés furibondes, sans cesse agi-

---

(1) V. Poupin, né à Paris en 1838. Fut avocat et journaliste. Sur la fin de l'Empire, il entra au Ministère des Beaux-Arts. Révoqué sous l'Ordre Moral. Député de Poligny en 1889. Membre du Cercle parisien de la Ligue de l'Enseignement. A traduit, pour la BIBLIOTHÈQUE NATIONALE, les *Satires* de Juvénal et *la République*, de Cicéron.

tées à chaque renouveau de publication moderne, eussent peut-être réussi à ébranler l'œuvre, à la détruire. On se l'imaginera aisément en apprenant, par la plume de N. David, porte-parole consacré des Ouvriers-Associés, les raisons qui décidèrent de cette dérogation au plan primitivement conçu.

« Nous avons promis de ne point nous immobiliser dans le passé et d'ouvrir aux hommes de bonne volonté, le plus largement qu'il nous serait possible, les portes de notre humble palais, en ignorant toutefois que cette promesse était susceptible de susciter des exigences auxquelles il nous est impossible de satisfaire. Quand nous aurons dit qu'on nous a demandé les *Misérables* et *Notre-Dame de Paris*, comme la chose la plus naturelle du monde, nous aurons révélé la millième part de ce qu'on s'est cru en droit d'exiger de nous. D'autre part, on nous a demandé de nous renfermer dans le vaste domaine des chefs-d'œuvre consacrés par le temps et auréolés d'une indiscutable admiration.

« Ainsi tiraillés en sens contraires, les obscurs éditeurs de la BIBLIOTHÈQUE NATIONALE ont résolu de tenter une épreuve qui ne saurait engager l'avenir de la publication. Une demi-douzaine de nos volumes était à peine lancée à la mer, que des écrivains justement appréciés de la littérature contemporaine venaient nous offrir le plus cordial et le plus désintéressé concours. Sans avoir un seul moment caressé l'orgueilleuse espérance de voir les maréchaux de la France littéraire nous donner le droit de publier leurs œuvres, on pourra se convaincre que des hommes qui ont aussi leur valeur n'ont pas jugé indigne de leur réputation de nous assurer leur appui. »

En rappelant les noms aimés de Vermorel et Prévost-Paradol, David cite ceux de Jean Macé, le fondateur de la Ligue de l'Enseignement, Pierre Joigneaux, Laurent-Pichat, Gustave Isambert, Rosny, E. Duplessis, qui seront admis, si l'épreuve est concluante, à figurer au catalogue de la Collection. Victor Poupin bénéficia de l'amitié personnelle de N. David, et son œuvre fut choisie pour tâter le pouls de l'opinion.

« Si, — déclare David, — le public condamne notre tentative, si nous devons rester enfermés dans les limites que nous nous étions tracées lorsqu'a lui notre première aurore, nous aurons, du moins, après la publication de *Les Labourdière*, conscience de n'avoir pas donné prise à l'accusation de propager de désolantes ou d'énervantes doctrines. »

De 1864 à nos jours, nulle autre œuvre contemporaine ne fut admise dans la Collection. Sauf en ces derniers temps, où Alfred de Musset força la consigne ; mais encore son œuvre entier peut-il être considéré comme d'essence classique et admis à ce titre dans cette anthologie du génie humain.

La guerre et la Commune passèrent en trombe sur la France : les désastres et les deuils furent sans nombre.

Comme les autres industries, l'imprimerie eut à subir une crise redoutable, dont les suites se firent sentir longtemps encore avant que toutes choses, en ce pays désemparé, fussent remises en état. La corporation des typographes avait perdu une bonne partie de son effectif par les maladies ou le fait de guerre. Le recrutement des apprentis cessa soudain de fournir ses éléments reconstituants, et les chiffres du recensement n'accusèrent un relèvement sensible dans le personnel typographique qu'à l'heure même du relèvement de la Patrie, quand, la tempête apaisée, la Nation française, courageuse et confiante en ses destinées, s'employa, sans délai ni relâche, à reconstituer son foyer et à s'allonger sur le lit saccagé de ses mœurs et coutumes.

Pendant ces tristes jours, tout ce qui n'était pas choses de la politique parut oublié des masses : arts et sciences, littérature et musique, relégués comme accessoires inutiles de la pièce tragique qui se jouait sur la scène française.

Alors, dans les ateliers de l'*Imprimerie Nouvelle* et la boutique de librairie de la Bibliothèque Nationale, le silence s'établit, morne et patient. Dans la mêlée des passions nationales et révolutionnaires, sous le souffle d'ouragan qui emportait tout à la dérive, quel eût été le sort de ces minuscules in-16 bleu de France, fêtus imperceptibles que le tourbillon aurait emportés ? Comment, de cette tribune populaire, élevée au ras du sol, pour que les oreilles des plus petits de la Nation pussent entendre la parole de Vérité et de Lumière, comment, sous un tel vacarme, les grandes voix de l'Humanité eussent-elles pu se faire entendre ? Contre le tonnerre des canons, la clameur puissante d'un Mirabeau même eût été inapte à parvenir au peuple. Et de quel secours immédiat sont les paroles ou les écrits des poètes ou des philosophes pour une nation qui se débat contre un ennemi acharné, et ne veut pas périr ! L'heure n'appartenait plus aux rhéteurs ni aux comédiens, aux conseilleurs ou aux prédicateurs, non plus aux savants qu'aux ignorants, non à la Pensée, mais à la Force !

La librairie de la BIBLIOTHÈQUE NATIONALE n'avait cependant point clos ses vitrines ni verrouillé sa porte, et avec raison, car, dans ces foules, allant et venant au hasard des événements, roulant bruissantes et affolées dans les rues d'une capitale assiégée, se glisse parfois le rêveur pour qui rien n'existe en dehors du monde intérieur : celui-là parcourt en tous temps le chemin des bibliothèques et des magasins où s'empilent les cubes ou les rectangles de papier imprimé, proses désignées à sa voracité rongeuse et casanière ! le monde s'évanouirait sous ses pas menus, le ciel s'effondrerait sur sa tête chenue que ses regards fascinés ne s'en détacheraient pas une seconde de la page du livre entr'ouvert ! La vente continua, combien diminuée, hélas ! mais fidèle et tenace.

A la vérité, la BIBLIOTHÈQUE NATIONALE, en ces dures périodes, se terra, rentra sur elle-même, s'assoupit, l'œil mi-clos, guettant les événements extérieurs. Elle s'éveilla complètement quand, les communications rétablies entre Paris, la province et l'étranger, la vie renaquit autour de son imprimerie et de sa librairie : les esprits s'étaient ressaisis, et en cette résurrection d'un peuple, si émouvante et consolatrice, se manifestèrent à nouveau le goût de la lecture, l'attrait des lettres, des arts et des sciences.

L'héritière des trésors divins de la civilisation gréco-latine, une fois ses pleurs essuyés, se reprenait à sourire aux beautés de la création, aux douceurs de la vie ! L'âme de la France s'était retrempée dans les douleurs ; elle animerait désormais ses fils d'une ardeur nouvelle pour les destins auxquels elle fut appelée de toute éternité.

La BIBLIOTHÈQUE NATIONALE reprit contact avec les survivants de sa clientèle et s'aboucha avec la génération qui allait mener notre pays, par la forme républicaine, vers un meilleur sort. De nouveau, pour cette nouvelle France, les grandes voix de l'Humanité se firent entendre. Personne, parmi administrateurs ou associés, ne manquait à l'appel. Ce fut une joie de se retrouver tous aussi nombreux, aussi unis, aussi décidés. Chacun se remit à l'œuvre, et rien ne vint plus, jusqu'à nos jours, rompre le faisceau des bonnes volontés qui s'acharnaient à l'œuvre commune de vulgarisation intellectuelle.

Après cinquante ans d'existence, sous des formes nouvelles, après avoir subi tels changements opportuns, suivant les néces-

sités créées par les événements, la BIBLIO-
THÈQUE NATIONALE poursuit le cours paisible de son existence, avec un succès ferme
et continu. La perpétuité de l'œuvre due à
l'ingénieuse communion d'idées de Henri
Gautier et Nicolas David et aux efforts de
la Société Ouvrière, aidée par Dubuisson
et Dumont, encouragée par la plus saine
partie de la Presse et par un choix remarquable de littérateurs, est assurée par un
renouvellement régulier des membres de
l'Association, sous le contrôle des Administrateurs, et par l'activité des gérants. De
Berthier à Camus, en passant par Pfluger,
ces derniers ont veillé à assurer la marche normale de l'entreprise. On a conservé
à cette institution son caractère d'indépendance morale et d'esprit laïque, tel que l'a-
vaient conçu ses fondateurs. La BIBLIOTHÈ-
QUE NATIONALE poursuit son œuvre d'émancipation intellectuelle et ne se laisse dé-
tourner en aucune façon du sillon tracé
par les premiers laboureurs de ce champ
merveilleux.

Depuis la disparition de N. David et de
H. Gautier, elle a introduit dans son catalogue maintes œuvres tenues longtemps
sous le boisseau, au détriment de leurs auteurs comme du public. Pierre Leroux re-
vit là par son *Malthus et les Economistes*,
Pigault-Lebrun par son *Citateur*, que les
héritiers de son neveu Emile Augier s'é-
taient bien gardés de rééditer, Volney par
la Loi Naturelle. Quant à Voltaire, il réap-
paraît de temps à autre ; à tout seigneur
tout honneur, et son traité sur la *Tolé-*

rance est venu grossir cette encyclopédie de la pensée libre.

Elle a publié la traduction inédite, par Victor Develay, d'une œuvre remarquable, de Pétrarque, inconnue en France, *Mon Secret ou le Conflit des Passions*. Develay est le traducteur des *Poésies* de Catulle et des *Satires* de Perse. L'Académie française a couronné sa traduction de Pétrarque.

Les mânes de David tressaillent à chaque apparition d'un volume nouveau de sa chère BIBLIOTHÈQUE NATIONALE. Il la reconnaîtrait, s'il revenait en ce monde, car elle n'a pas changé, sinon physiquement, du moins moralement. Elle suit la même vie de progrès laïque, démocratique et social, et son but reste indéfectiblement le même, tel que l'avait si bien défini David : « *Faire des citoyens en même temps que des hommes !* »

Son format a été soigneusement conservé, de même que la couleur de sa couverture, son cadre-frontispice, les dispositions typographiques des titres et sous-titres, la netteté des caractères d'impression, la blancheur mate de son papier. Et, en dépit de la cherté croissante des matières premières et de la vie en général, les Ouvriers-Associés ont résolu ce problème ardu de vendre leurs produits en 1913 au prix de 1863. C'est là un miracle non moins évident que la révolution en librairie accomplie il y a cinquante ans !

Sachons gré à ces modestes semeurs de chefs-d'œuvre d'avoir mis obstacle à tout ce qui aurait pu compromettre l'existence de leur « *enfant chérie* » et poussé l'abnégation jusqu'au sacrifice des plus justes rémunérations !

Les administrateurs actuels de la « Société Ouvrière en participation » sont au nombre de cinq. Quatre d'entre eux, MM. Louis David, Baraguet, Royol et Viguier, sont les fils et héritiers de membres fondateurs décédés. Le cinquième est M. N. Camus, l'unique survivant des ouvriers de la fondation. C'est à lui que fut confié, au décès du regretté Pfluger, le sort de la collection : il est en bonnes mains, sûres et compétentes.

Etienne-Narcisse Camus est originaire de la Chapelle-Saint-Quillien (Haute-Saône), où il naquit en 1836. C'est un beau vieillard, un ancêtre qui a conservé dans ses yeux bleus le rayon ensoleillé des belles heures de sa jeunesse laborieuse, et en sa mémoire fidèle la trace des plus réconfortants souvenirs.

L'intervalle s'élargit entre l'apparition des volumes, en raison d'une concurrence impitoyable qu'on ne saurait déplorer au point de vue social, car la collectivité y a tiré son profit. Le 352ᵉ volume vient de paraître, sous les auspices du spirituel Beaumarchais.

La BIBLIOTHÈQUE NATIONALE a vécu jusqu'ici sur elle-même et par elle-même, sans l'appoint de secours officiels, sans qu'aucun même de cette longue lignée de serviteurs de la démocratie ait reçu le moindre insigne honorifique, en hommage aux services rendus aux Lettres, à la République, à la France.

Elle poursuit avec sang-froid et dignité le cours de ses publications. Son destin est de vivre tant que les sources littéraires et philosophiques de la France et du monde entier ne seront point taries. Tant de richesses sont encore à glaner dans les sillons de la Pensée humaine qu'il n'y a pas à redouter qu'un jour la BIBLIOTHÈQUE NATIONALE fasse défaut à sa noble et féconde mission, et que ce modeste flambeau des chaumières cesse de distribuer sa généreuse lumière au peuple sain et laborieux de France !

EUG. DUPONT

4 Décembre 1913.